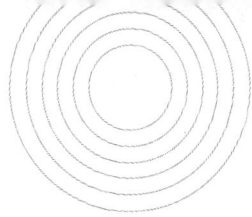

刘墉
作品精选

（美）刘墉

著

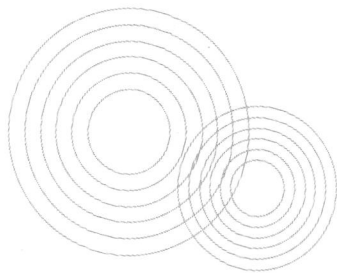

长江出版传媒

长江文艺出版社

图书在版编目（ＣＩＰ）数据

　　刘墉作品精选 / （美）刘墉著. -- 武汉：长江文艺
出版社， 2021.3
　　（名家作品精选）
　　ISBN 978-7-5702-1363-4

　　Ⅰ．①刘⋯ Ⅱ．①刘⋯ Ⅲ．①散文集－美国－现代
Ⅳ．①I712.65

　　中国版本图书馆 CIP 数据核字(2020)第 252874 号

责任编辑：张远林　　　　　　　　　责任校对：毛　娟
封面设计：璞茜设计　　　　　　　　责任印制：邱　莉　杨　帆

出版：长江出版传媒 ｜ 长江文艺出版社
地址：武汉市雄楚大街 268 号　　　邮编：430070
发行：长江文艺出版社
http://www.cjlap.com
印刷：武汉珞珈山学苑印刷有限公司

开本：640 毫米×970 毫米　　　1/16　　印张：16.75　　插页：2 页
版次：2021 年 3 月第 1 版　　　2021 年 3 月第 1 次印刷
字数：234 千字

定价：34.00 元

目　录

处世智慧篇

人生况味篇

爱之思索篇

刘　墉

作品精读

处世智慧篇

好个知心朋友

"可是我菜都买好了……好吧！谢谢……再……"小英的"再见"还没说完，对方已经挂了电话。许久，许久，她呆坐着，电话还在手里，发出呜呜的声响，在这个已经空了的办公室里，显得有点刺耳。

"有什么不开心的事？"一只手伸过来，帮她挂上了电话，抬头，是新来的唐小姐。

"没什么事。"她扯了扯嘴角，"你怎么还没走？"

"急什么？有什么事等我回家办？家又不像个家。还不如在办公室，觉得充实些。"

小英抬抬眼角，看了看这个已近中年的女人，大家都说她不好惹，可是，她却看到一种落寞感，一种和自己相似的落寞。看到别人也有的落寞，倒使小英放松了，甩甩头发，一笑：

"要不要一块儿出去吃晚饭，我请客！"

没人知道今天是小英的生日，除了"他"。当然！现在又多了个她——唐小姐。

一直到喝咖啡，她才说今天是自己的生日。

没想到，唐小姐一点也没惊讶，只是淡淡一笑："我的生日也常是这样过的。他，总有事，总是突然打个电话说抱歉，害我对着一桌做好的菜和插好的蜡烛，掉眼泪……唉！有什么办法？跟别人分……"

小英愣了。赫然发现，眼前这位唐小姐，竟像是一面镜子，立

在眼前，让她看到自己。

忍不住的泪水，突然一串串地滚下来。赶紧拿餐巾去挡，还是被唐小姐看见，焦急又关心地问：

"你怎么了？什么事让你伤心，难道……"

小英的心防崩溃了，多少年来，从不曾对人倾吐的秘密，如同滚下的泪水般，全涌了出来。

说完了，已是深夜，唐小姐开车，送她到家门口，这也是小英从没经历过的。不管多熟的同事，她都不曾把人带回家，这是她和"他"的秘密，不能让人知道。

但是，今天，不！今夜，她觉得好轻松，觉得终于遇到一个跟她有着同样痛苦、同样煎熬的人，发觉自己不再孤独。

唐小姐一夕之间，成为她最要好的朋友。只是，她不了解，为什么其他同事，渐渐对她露出奇怪的眼光。有时候，桌上的电话才响，她感觉得到，几十双眼睛都在看她、几十只耳朵都在听她。

终于有一天，马小姐偷偷对她说：

"你的事，大家都知道了！其实，你不该讲，大家同事六七年，你都没说，为什么唐小姐才来，你就告诉她了呢？那又是个大嘴巴，到处吹牛，说她知道你的私事。""可是她，她也一样……""她也一样什么？跟你一样爱上了有妇之夫？那才是笑话呢！她今年初才结的婚！"

小英忍不住冲到唐小姐面前，低声狠狠地问："你为什么把我的事跟别人说？你明明才结婚，又为什么要骗我？"唐小姐缓缓地偏过头来："哎呀！交朋友嘛！我看你好伤心，八成是那么回事，编个故事让你舒服点。"又淡淡一笑，"何况，我不编那个故事，你也不会告诉我你的故事啊！"

【想一想】

某日，有个学生到我工作室来，一进门就问我的生日，然后兴冲冲地掏出个掌上型的小电脑，把我的名字和生日输进去，接着电脑的液晶显示屏上，就显示了一大堆"天格、地格、人格"之类的数字，以及我的"命盘"。

学生一行行念着，念一段，就问我准不准。

我笑着骂她，什么不学，学算命。她居然一白眼：

"老师！你知道吗？我用这个小电脑，不知交了多少朋友，办成了多少别人办不到的事。碰到陌生人，我只要拿出小电脑，问他要不要算算，就立刻知道了他的名字和出生年月日。接着，管它准不准，准的他点头，不准的他摇头，没两下，我把他祖宗三代，一家几口，全弄清楚了。"而且，她神秘兮兮地说，"老师！你要晓得，当一个人把他的秘密告诉你之后，他就会对你特别好，这是我的高招哇！"

从我这位学生的话和前面的那个故事可以知道，要跟一个人建立特别亲密的关系，最直接的办法，就是分享他的秘密。为了达到这个目的，人们会使用各种手段，他们可以为你算命、为你填表、为你做心理测验的游戏，也可以用他们自己的秘密来交换你的秘密，甚至用"假秘密"换你的"真秘密"。

但是，你也要知道，"交浅而言深，既为君子所忌，亦为小人所薄"。每个人在对你说出他的秘密之后，都可能心不安。因为他不敢确定，你是不是会把他的秘密说出去。

于是，最简单的方法，他也要求你说出你的秘密。这就好比黑社会，对新加入的分子，为了让他证明自己忠诚，要他去执行一项任务，或在械斗杀人时，把枪交给新手，叫他"补"那最要命的一枪。

照做了，就是共犯，从此便脱不了身。

同样的，如果别人对你说出秘密，也交换了你的秘密，你就要小心了。如果你说出他的，他就会说出你的。

如果事情真这么简单倒好了，问题是，如果你不过去"补"一枪，又如果你不愿说出自己的秘密，或者你真是没什么秘密好说，只怕你也要倒霉，那一枪可能就落在你头上。就算对方没枪，不能立刻对付你，在他心底，总会对你怀一分戒心，觉得你抓住了他的小辫子。有一天，发生战乱，他手上真有了一把枪，遇到你，那把枪很可能举了起来。

所以，你要知道，无论对别人说自己的秘密，或去听别人的秘密，都没什么好处。你可能有"短利"，也可能有"长害"，何况在传递秘密的过程中，又会产生许多副作用。

走下山头的时候

"胜利、成功，一定是属于我们的！"

老魏举起手高声欢呼，群众也猛拍双手喝彩。然后赵、钱、孙、李"四大将军"——上台致谢，再拥着老魏下台。

小赵送来健怡汽水，小钱送来苏打饼干，小孙为老魏把西装脱下，小李则跑去安排车子。

突然手机响了起来，是医院打来的。

"我不接了，大概是血糖的报告出来了。"老魏挥挥手，"知道高多少，就成了！"

"不是！"小赵把电话递给老魏，"是夫人打来的。"

老魏接过，脸色突然变了。匆匆站起身，往外走："我得去医院，老伴病了。"

"四大将军"跟着往外跑，小钱嗫嗫嚅嚅地问："重不重啊？"

"还好！心脏病，已经没危险了。"

"那……那……"小李一边拉车门，一边凑上去，小声说，"您……您还有西门那场，大家正等着呢！"

"你们去！我不去了！"老魏居然把车门狠狠关上，差点打到小李的鼻子。

"孩子都大了、跑了，剩下老太婆一个人。"在车上，老魏叹口气，对司机小谢说。

"您是太累了！"

"人累、心也累……"老魏突然抬头，"小谢啊！你跟我多

少年了?"

"十五年了!"

"真快!"老魏笑笑,伸手过去拍拍小谢的肩,"你这小谢,也快变老谢了。"

赶到医院,老婆正睡。旁边放了架机器,看到弯弯曲曲的心电图。

医生听说老魏到了,飞快地跑来:"您放心!没什么,没什么,休息两天,按时吃药,就没问题了。"

老魏摇摇头,看老伴醒了,摸摸老伴的手。

正好手机响了,是西门那边会场打来的,说一切顺利,幸亏"四大将军"能言善道,把魏夫人的病情说得危在旦夕,相信不但没得罪人,还赢得不少同情票,同情这位鳒鲽情深的"好男人"。

老魏真是好男人,最起码他希望做个顾家的好男人,只是二十多年下来,人在江湖,身不由己,地位愈来愈高,跟他的人也愈来愈多,尤其这两年,连在家吃饭的机会都没了!

不过一个钟头,"四大将军"就赶到医院,一起弯着腰,在小茶几上吃便当。

"多亏你们了!"老魏过去坐下,"还是你们年轻人行,能吃、能睡。我啊!是愈来愈力不从心了。"

"您怎么这么说?"四个人一起叫了起来,"没您领导,我们什么都不能做!"

"别这么说,别这么说。"老魏摇摇手,"你们这种人才,谁都求之不得。"他伸个懒腰,"真觉得老了!"

"老了就是老了!"那边病床上的魏夫人也叹口气,悠悠地说,又看看老魏,"刚才咱们谈的,你不是要说吗?"

"我还是考虑、考虑……"

当晚,老魏一夜没睡好。想了很多,想到上大学时跟老婆谈恋爱，跟老秦夫妻一起上阿里山。

老秦，天天跟他同台，私下却好久没见面了。

拨了个电话过去，老秦助理接的，这小子平常站台，威风八面，连"四大将军"都怕跟他对上。现在听到老魏声音，居然吓一跳，直问什么事。

"叫你老板说话就是了。"

老秦倒还是老调调，劈头就问："你老婆好吗？听说昨儿病了，害我等了半天。"

"想找你聊聊……可以……可以，就明儿上午十点。"

跟着又拿起电话，打给小赵："今天这场，我不去了，你们照昨天的办吧！"

到医院陪老婆一天，谈了不少，回家反而倒头就睡，睁眼已经八点了。随便梳洗两下，跳上车。

"秦先生家？"小谢一惊。

"你以前不是常去吗？都是老朋友嘛！"

"是的！是的！"小谢不敢多问，直驶秦公馆，居然还早到十五分钟。

车子转进巷子，正见一辆熟悉的大凯迪拉克出来。

"这不是小……"小谢叫了起来。

"不要说了！"老魏吼了一声，"只管开你的车。"

【想一想】

那车里坐着谁？

甭问了！

你只要知道，"西瓜靠大边"，这是人之常情。

每个人都要吃饭，每个人都有家要养，每个人也都要追求他的

前途。

当你只是由这一站转到下一站、由这个山头转向那个山头的时候，你下面的人，只要他忠贞，他当然跟着你。

但是，当有一天，你退休了。请问，有哪个将军退休之后，还有部队跟着他呢？

他，是帮你打天下的。这天下，你不打了。他又如何帮你？你又何必再拉着他？

所以，如果有一天，你碰到老魏的情况，一定要谅解——因为大家都要为自己的前途着想。

只是当你还没宣布退出，而发现四周人都已经变节，这明明可以光荣退出的场面，岂不变得很尴尬吗？

于是，你会发现——

那些即使明天要宣布退出竞争的人，他们前一天都可能仍然做出冲锋的样子。

然后，突然召开记者会，突然把对手推荐给选民，还可能拉着对手的手，接受记者访问。

他不是昨天还在攻击那个对手吗？

记住：

如果你不希望看到下面人见风转舵——离开的场面，就绝对不能早早让下面的人感觉到"风向变了"。

他们跟着你，你变了，是你对不起他们，是你令他们失望。在你已经失势的时候，千万不要给他们太多反弹的机会。

尤其是，当你在"想继续"与"不想继续"的时候，更不可以露出一点"倦勤"的样子。否则，你不但不能光荣地"主动走下台"，反而会变成难堪地"被逼下台"。

这当中，有多大的差距啊！

我认为每个人，无论你是上级或下属，政客或小民，都应该了解"不成熟的事不可说"的道理。许多人都由于不能做到这一点，不但坏了别人的好事，也坏了自己的好事。

小时候，常听人说："如果你放了老鼠夹，千万别说，因为老鼠听得懂，听到就不上当了。"

那绝不会是真的！

但有一件事，我坚信不疑，就是——

当老鼠被夹到，再叫好，总错不了啊！

教你识货

小周爱石成痴，倒不是爱钻石、翡翠那些宝石，也非醉心端溪、歙县出的那些砚石，而是特别钟情于"田黄"、"鸡血"这些用来刻图章的印石。"田黄里面有呈网状的萝卜纹，鸡血的红色常是一丝一丝的，至于那些牛角冻、鱼脑冻、荔枝冻，更是美得让人想咬一口，哪像钻石、翡翠那么透明，一眼全看穿了，根本不耐玩嘛！"小周常拿这套理论讽刺自己的老婆。

周太太本来不以为然，但是眼看这几年，田黄、鸡血的身价连翻五六倍，也就不得不佩服自己丈夫的眼光。

"印石涨价的道理很简单！女人戴宝石，男人总不能也东挂一条、西戴一颗闪亮亮的东西吧?!"小周分析，"所以有点阳刚之气，又能拿来刻图章的石头，自然成为男人的'最爱'。男人比女人更有钱，所以印石价码节节高！"

正因为收藏印石发了财，小周动不动就往祖国大陆跑。而且精明地不去大城市，专到小村小镇去搜罗。

"小地方，常能看到以前官宦人家的后代，把祖传之宝拿出来贱卖。他们不识货，我可识货！一块田黄能赚个几十万。"小周说。

当然，碰上不识货的人也惹气。有些店家连田黄、鸡血什么样儿，都没见过，只要黄色的石头，就硬说是"田黄"；带点红斑，就咬定是"鸡血"。

譬如今天这家，一个年轻漂亮的女店员，非说她那几块黄石头是真正的田黄。

小周终于气不过了，从贴身小包里掏出自己最爱的上品田黄：

"你拿去瞧瞧，这才叫田黄！多温润！多敦厚！哪儿像你这几块莫名其妙的东西！"

"什么莫名其妙？"里面突然走出个大汉，怒冲冲地说，"你要买就买，不买拉倒！"说着把桌上的印石全收了起来。

"喂！喂！喂！"小周急了，"你怎么把我的田黄也收走了呢？"

"什么你的田黄？这都是我的东西！敢情你想欺诈？"

【想一想】

小周错在什么地方？

错在他"好为人师"。

我有位开艺品店的朋友说得妙：

"你知道吗？如果你雇个年轻漂亮的小姐，能多做不少男人的生意。我甚至发现，有漂亮的女人走进商店，都会吸引男人跟进来。他们装作要买东西的样子，问问这个、问问那个。这时候，漂亮小姐要是走了，他们八成也会跟着离开。如果小姐一直留在店里，我可就占便宜了。"他眉飞色舞地说：

"那些男人不好意思光看不买，常能让我多做好几笔生意。"又神秘兮兮地笑笑，"其实啊！女人也一样，爱现嘛！"

人都有"爱现"的毛病，岂知当你"现"的时候，也正是你弱点显露的时刻；

"现"，使原来不知你底细的人，立刻知道了你的斤两；

"现"，使你为了面子，不得不"内行装到底"，于是"打蛇随棍上"的商家，正好抓住机会，左一句"您当然知道"，右一句"想必您早见过"。你明明不知道、没见过，也强装内行，最后完全掉入他的陷阱。

曾经有个人从北京带了幅画请我鉴定。画没打开，先吹他自己多内行，从绢色、印色和裱褙，就知道买得不会错。

听他这么说，我先猜到：他八成买了幅假画。

果然，那画才展开不到一尺，就知道是假东西了。

"怎么可能？"他叫了起来，"你看！这绢的颜色因为经过几百年，所以都变黑了，印章的颜色也不是鲜红的；尤其这画法，我在故宫见过，唐寅就这样画，连构图都一样；还有你看这画的裱褙，多老！织锦都破了。"

看绢色、看印泥、看构图、看裱褙。

他说的样样都没错，错在他只懂三分，却要装作十分，错在那种假画是专为他这种人准备的——

您不是要看绢色吗？

他这绢早染过了，用的染料是拿民家烧饭，"百年老灶"上熏黑了的"墙纸和天花板"泡水调制的，不但颜色老，连味道都老。

您不是要看印色吗？

他的印泥是用朱砂加铅粉调色，再用熨斗烫过的。不但像经过几百年的印色，而且老得都脆了。

您不是能看画风吗？

他是由行家照故宫真迹临摹改造的。

您不是会看裱工吗？

他是用不值钱的老画边上拆下来，再粘上去的。

您不是聪明吗？

他比您更聪明，您会看什么，他早料到了。

你可以想象，在古董店里，这一位假"行家"，一边看画、一边点头、一边指着分析的场面。

那旁边的店员，则不断鞠躬："可不是吗？可不是吗？您真是行家，逃不出您的法眼。"

最后，逃不出他的手心。

淹死的人，多半是会水的。那个"多半"之中，又有"多半"是"半会水"的。

买古董上当的人，多半是内行人，那内行人之中，又有多半是"半吊子"。

古董就那一件，你无法"货比三家"，所以：如果你是外行，最好别碰，碰了准吃亏。如果你是"半内行"，最好别说，说了就露"黔驴之技"。

至于你买一般的东西，记住！

你买的是那东西，不是表现给哪位小姐（先生），或旁边人看的。

我们不认这个好朋友

"Make a wish! Make a wish!"琳琳和盼盼喊。

小燕歪着头，眯着眼，笑了，然后深深吸口气，把蜡烛吹熄。

"能透露你许了什么愿吗?"琳琳问。

"不行! 不行!"盼盼把手一挥，"这种 wish 是不能说的，说了就不灵了。"

"不说我也猜得到!"琳琳笑。

"你猜我希望什么?"

"你啊!"琳琳一个箭步，跳到盼盼和小燕之间，一边搂一个，甜蜜地说，"你希望咱们的事业成功!""对! 事业成功!"

天哪! 端蛋糕进来的时候忘记关门，门开了，走进一个人，居然是苏老板。

"苏老板好! 苏老板好!"三个人赶快围上前迎接。

"生日快乐!"苏老板对小燕一笑，从背后拿出个小礼物。

"打开来! 打开来!"琳琳和盼盼喊。

"能不能?"小燕看看苏老板。

"当然!"

在几双瞪大的眼睛下，小燕很快地撕破包装纸。三个人全尖叫了起来:"哇! 那么漂亮的链子! 金的耶!""是啊! 上面还有个小牌子，我看看! 我看看!"

"是我的英文名字 Christian。"小燕笑了! 笑得好媚也好美。

大家正笑呢，门铃响，又来了一批人:"生日快乐!"天哪! 公司的老总、副总、企划主任全来了，后面……后面，还跟着作曲

16

者——小豹。

二十八平方米的房子里，一下子挤满了贺客。

小燕跑去准备饮料，被琳琳和盼盼一把拉了回来。

"快！去陪老板，由我们来。"

乐声悠扬地响起，是小豹的曲子，琳琳和盼盼一边端饮料、分蛋糕，一边摇摆。

小燕也由老板身边站起身，走过去，三个人一起摇摆、一起哼、一起唱。

三年了，从音乐系毕业，她们三个就一起进了这家唱片公司，就一起摇、一起哼、一起唱、一起做"和音天使"。

三个人也合租了现在这间小公寓，彼此照应，一起上班、一起下班。

"今天下班我不跟你们一起回去了。"生日的隔天，小燕对琳琳说。

"是不是有约会？"琳琳笑笑。

"是不是跟苏老板？"盼盼把脸凑过去，望着小燕的眼睛。

"只是有点公事啦！"小燕没正面答。

"不要太晚回来哟！""不要夜不归营哟！"两个人笑着拍拍小燕，先走了。

小燕真的差点夜不归营，将近天亮，才咔嗒咔嗒地回来。

琳琳揉着眼睛出来张望一下，没说话，转身进去了。

盼盼也醒了，被小燕洗澡的声音吵醒，就没能再合眼，一直到天亮。

"拜托！下次约会，你早点回来好不好？""再不然就不要回来。"两个人第二天都表示了不满。

⊙

真的，小燕跟着就没回来睡。又过两个礼拜，看她一个人在打包。

"你要搬走?"琳琳和盼盼叫了起来。

"是啊!"小燕不好意思地笑笑,"我真是怕晚回来,吵了你们,还是搬出去比较好。"

"你搬去哪里?"两个人问。

"我租了房子,不远,就在旁边那个新盖好的大楼里。你们可以随时过来,我们还是没有分开。"小燕抱了抱盼盼,又抱了抱琳琳。

⊙

小燕果然就搬到旁边。

三个人上班的时候总碰到,只是小燕常有人接,倒也不是苏老板过来接,而是公司特别派来的车子。

"上车!上车!"每次小燕都会叫司机停车,喊两个人上。

"不要啦!不要啦!我们还是习惯搭公车啦!"每次琳琳和盼盼都这么拒绝。

然后,两个人手牵着手,一边走、一边跳、一边唱,唱她们三个人和音的曲子。

⊙

又过了一个多月,早上盼盼和琳琳进公司,只见高级主管上上下下地跑,好像发生了什么大事。

跟着来了一批记者。

突然歌声响起,好熟悉的声音,盼盼和琳琳吓一跳,那不是小燕的声音吗?

冲到楼上,果然里面灯火辉煌,镁光灯闪个不停。一个妖娆的女孩正在台上又唱又跳。

"是不是小燕?"琳琳问盼盼。

"很像,又不像。"盼盼眯着眼睛看,"她什么时候灌了这首曲子?"

"灌了曲子?!"

"是啊!"盼盼指指四面墙上的大海报，"今天是新星新曲发布会呀!"

"对! 是她，克丽丝汀，我看到她的英文名字。"

正说呢，王副总转过身，瞪了两个人一眼，又把食指放在嘴唇上比了比。

⊙

"什么公司秘密武器嘛!"

"根本就是老掉牙的和音天使嘛!"

两个人退了出来，没好气地说："一下子登天了! 怎么登的? 谁不知道?!"

⊙

琳琳和盼盼辞职了。

老总问都没问，就点了头："你们离开也好，只是，拜托你们出去不要再乱说话。"

"我们没乱说!"

"可是圈子里传得乱七八糟。"老总皱着眉，"你们和小燕在一起，那么多年，毕竟是好同事、好朋友。"

"谁跟她是好朋友!"琳琳拎起化妆箱。

"是啊! 我们没这种好朋友。"盼盼拉着琳琳，"砰"的一声冲了出去。

你不可不知的人性

小燕做错了什么?

答案很简单——

错在她高升了，错在她发了！

⊙

我们常骂一个人发了，就眼睛长在头顶上，再也不认老朋友。

其实这句话不全然正确，有时候，也可以说"当一个人发了，老朋友就不再认他"。

因为这是人性！

人不再认老朋友，第一个原因，可能是他不再愿意看到那些老朋友。

这个"不愿见"的情怀很复杂。

如果你留级了，你可能不愿看见以前班上的同学，因为看到他们会使你觉得自己矮了一截，看到他们也可能使你再受一次伤害。

如果你离了婚，你可能不再希望跟以前一块玩的夫妻档碰面，因为你们"拆了"，他们却依然出双入对。你更可能不希望碰上前夫或前妻的朋友，因为那是"他（或她）"的朋友，既然你已经不再认他（或她），你也就没有必要再认他们。

即使他们喜欢你，认你，很愿意跟你继续来往，你也可能躲着。

因为你会猜：那些人是我前夫或前妻的朋友，他们一定向着"那个人"，他们也可能只是同情我。

除非有一天，你得意了，过得比以前好得多，为了让那些人传给"那个人"听，作为一种报复，你才可能跟他们接触一下。

当然，也可能到那时候，你更不愿意碰到"他们"。

因为你有了新的另一半、新的生活、新的家庭、新的世界，你不希望你的另一半知道你的过去，即使他知道，你也不希望去"提醒他"，让他想起。

⊙

风月场所的女孩子更是如此。在"那儿"，她们是好朋友、好姐妹，但是当有一天，她离开了那个地方，就不再相认、不再相见。
为什么？因为她要忘了过去，她已经是个全新的人。

是啊！如果你曾经在风月场所上班，有一天，你离开了，有了
个爱你的丈夫，有了个你心爱的家，有了你可爱的宝宝，你会希望
你的邻居、朋友、孩子知道你的过去吗？

监狱里也是一样，当犯人出狱的时候，他为什么不跟典狱长和
狱卒说"再见"？

他不是无情，只是他不愿意再回到以前。

⊙

进一步想，如果你再婚，你以为你的另一半还希望见到你以前
的朋友吗？

只怕他非但不希望见那些人，而且不希望和你去前夫或前妻以
前的地方。譬如"你们"以前常去花莲，他可能就不愿意和你再去。

如果他和你去，你指指这里、指指那里，表示你都熟，他会高
兴吗？

你每指一个"以前去过的地方"，就让他想起一次"你的过
去"。

如果你不识趣地指着某旅馆说："这里我住过。"

下一句他该怎么说？

问你当年住哪个房间？问你当年是个"一夜三次郎"？或有个
"一夜三次郎"？还是，他最好闷闷地不答话？

⊙

一个人与旧朋友疏远，也可能因为有了更多的新朋友。

想想，如果有一天你跟小燕一样，由小公寓搬到了旁边新盖的
大楼。

你出门，在走廊里遇见新邻居，跟你交换了电话、做了互访；

你走出电梯，遇见个老同学，要带你去买新家具，又提及一些老同窗的消息；你到大厅，认识了几位管理员，向你介绍了大楼的福利和管理规则。

你一下子是不是交了一堆新朋友？

当然，其中也包括了你久不来往、又要重拾情谊的"旧交"。

⊙

我们的一生就是如此"新新旧旧"。

打开电话簿，密密麻麻的名字和号码。

请问，哪一个不是你认真写上去的？但是到今天，你又和多少人还在往来？

人生本来就是来来往往。你搬了新家，进了新房，有了新工作，也就有了新朋友。

你有多少时间能既结交新朋友，又和所有的旧朋友保持密切联系呢？

于是，在不知不觉中，你和他们渐渐疏远。也不是刻意疏远，而是少了联络。

⊙

现在问题来了！

当你一下子结交许多新朋友的时候，你的"心"被许多"新"占据了，你很忙，过得很充实。

回头看看你的旧朋友，他们每天仍然在那个老地方活动，他们每天仍然在那个老时间碰面。

在他们的"不变"当中，有了什么"变化"？

有！是你！

在聚餐时，你总坐的那张椅子空了！

在聊天时，你熟悉的笑声不见了！

他们失落了！彼此问："他去了哪里？为什么不来？"

抬起头，远远的高级华厦里，你去了那边。

请问，他们的感觉会好吗？

他们没变，是你变了啊！

他们还在那儿，是你走了啊！

⊙

美国人常说："Out of sight, out of love.（看不到了，也就不再爱了。）"

我在美国教书，见多了！

台湾的新留学生来，如果是女的，总有男留学生抢着去接飞机。许多人接到那女生之后，先帮她寄信、申请电话。

信寄给谁？电话打给谁？

⊙

她要打给在台湾的男朋友，而且一面打一面哭。这边这个男生则在外面等，等着带她去买日用品、逛校园、办注册。

还等着带她去附近的风景名胜游览。

玩着玩着，她给台湾的信少了，电话少了，但是台湾来的信和电话还是那么多。

她不再放不下电话，她甚至会劝那一头的人："省点钱！少说几句吧！"

因为另一个人正在楼下，坐在车子里按喇叭。

下面还说什么呢？

说得难听一点——远水救不了近火。

说得好听一点——因为不在同一个世界了。

⊙

"不在同一个世界"，这句话可以解释一切。

当你发了，你的出手阔了，场面大了。你虽然不忘旧情，总找以前的朋友一起出去玩，问题是，他们能不能跟你一样出手呢？

就算你够朋友，为他们出钱，换作你是他们，你又会愿意一次又一次接受招待吗？

当你和他财力相差非常多的时候，你还可能愿意；但是当你虽不及他，却又差得不太远的时候，你就会想：

"我不敢高攀！"

你愈是像小燕、琳琳和盼盼一样，原来平起平坐，而今位阶有了变化，你愈会吃醋，也愈会躲避。

这就是人性！这也就是"当一个人发了，老朋友就不再认他"的道理。

你不能没有的谅解

有个女士对我说，当她丈夫过世之后，以前总在一起玩的一对夫妻，丧礼完，就再也没去看她。

有时候，她甚至觉得那对老朋友在避着她，即使到她邻居家，也不顺路过去探望一下。

她很气，认为"人在人情在"，丈夫死了，朋友就不认她了。

过了几年，那家的丈夫也死了。

居然没隔几天，那女人就去看她。"你知道你丈夫死了之后，我们为什么没来吗？"那女人拉着她的手，"我们其实好想来。但是我丈夫说，你丈夫生前向他借过钱，恐怕你知道。"

她点了点头："我知道。"

那女人笑笑："我们很怕我们来会让你想到那笔钱，以为你丈夫死了，我们急着来讨债。"

那女人丈夫的遗言是"钱没多少，不必还了"。

⊙

看了这故事，你想想，换作你，当那对老朋友不再去看你的时候，你是不是也会一样地怨他们，甚至骂他们？

同样的道理——

某人正念大学的儿子，因车祸而死。儿子生前总到家里玩的同学，便再也不上门。儿子的女朋友也不见了。

当你骂他们"不够朋友"的时候，是不是也该想想，如果他们上门，又如何？

你原来淡忘了儿子的死，看到那些年轻人还生龙活虎，你是不是又勾起感伤，拉着他们，又落了泪？

他们见你哭、看到你墙上挂的照片，是不是也要伤心？

人性在这时候，就可能躲避。不是他们无情，是因为他们不知"如何自处"，也不愿"勾起彼此的伤痛"。

⊙

当你的事业失败，那些以前的老朋友就避不见面，不也有同样的可能吗？

往坏处想，他们怕你伸手借钱。

往好处想，他们怕伤了你的自尊。

往坏处想，他们不再找你出去玩。

往好处想，你倒了、穷了，还能维持过去的排场吗？

他们拉着你，要不要你出钱？不要你出钱，会不会伤你的自尊？

再往另一个角度想——

他们找你，你打肿脸充胖子，有必要吗？

⊙

大树被吹倒了，扶起来之前，先得把枝子锯掉一些。

当有一天，你不如意了，千万不要去硬撑场面。那样做，你累，别人也累；钱累，心也累。

碰到老朋友，你也不要躲避。你可以坦白说出自己的处境："我穷了，玩不起了。"

人家要请你，你可以说："我现在必须把握每一分钟，想办法东山再起。"

于是，你穷，但穷得有志气，穷得不畏怯。

跟那些老朋友相处，你能很泰然，他们也能很坦然。

⊙

"十年河东，十年河西。"每个人都有得意时，也有失意时。

老朋友发了，不见了，要想："他忙。"

老朋友垮了，避不见面，要想："他难。"如果你不得意，千万别猜朋友躲着你，否则你只可能更孤立。

如果你很得意，遇到以前的朋友，千万少谈眼前，多谈过去，别人才会觉得你仍然念旧。

朋友是你的资产！

一个失意人，能在一群得意人间谈笑风生、略无惭色，才是有骨气；一个得意人，能在一群失意的朋友间，让人想不到他的得意，才是会做人。

想想，前面故事中，琳琳和盼盼离开得多尴尬？

小燕愈成功，愈显得她们失败，不但事业失败，做人也失败。到了别家公司，人们会怎么说？小燕如果成名，会不会找她们和音？

就算找她们，她们又怎么回得去？

相反地，如果小燕主唱，她们和音，用最美的声音、最快乐的笑容、最祝福的眼神，为自己的好朋友撑腰，表现出"以她为傲、以她为荣"的胸怀，人们会说："只因为有这两位好朋友的陪衬，使小燕能展现潜能，她的成功是'她们'的成功。"

这又将是多么温馨的画面？

别把脖子伸过去

我不知道在中国申请大学的过程如何，在美国申请著名的大学，除了要送高中成绩和全国会考SAT（美国中学学术能力评估测试），还要两份老师的推荐函。由于敢去拼这种顶尖学府的学生成绩都相差无几，推荐函往往能起关键的作用。

说个故事给你听：

有位功课特棒的高中生，样样拿A，但是高三那年，他才选完一门课，就忐忑不安。因为听说那门课的老师非但脾气坏、作业交上去常不发回来（表示他可能根本不看），而且从来不给A。最好的成绩也不过B⁺。

问题是，这样的老师学校为什么还任用呢？

因为那老师够老、够凶悍，而且愈老愈凶悍，他倚仗自己的老资格，跟搞派系的本事，在教师会里霸占重要的位置，连校长都怕他。

这高才生想把这门课退掉，唯恐全A的成绩单上出现B，可是好胜的他又想：过去多辣的老师我没碰过？还不是都拿A。这老师凶，我不怕，如果我报告写得漂亮，考试拿满分，又从不缺课。他能不给我A吗？我在他班上拿A，更能证明我的实力！

不过他还是不安心，终于忍不住跑去问老师："听说你从来不给A？"

那老师对他一瞪眼，当着好多其他的同学，冷冷地说："没错！你最好别来我班上。"

他还是没退选，因为他不信邪，信自己的实力。

果然，没几堂课下来，那老师就对他刮目相看，上课时常把他叫起来问问题，在走廊上遇到，还主动跟他打招呼。

学期结束，成绩单发下来，他果然得 A。

这高才生得意极了！四处秀他的成绩单。"看吧！从来不给 A 的老师，也给了我 A。"

开始申请学校，要寄推荐函了，高才生第一个想到的就是这位凶悍的老师。他心想：听说过去没有学生敢请那老师写推荐函，而我在他班上拿到 A，他当然最欣赏我，我如果找他，搞不好他还会受宠若惊地极力推荐。

果然，那老师听到他的请求，高兴地叫了起来，用手指着自己的胸口说："你要请我写？能有这份荣幸，真是太好了！"

照美国大学的规定，推荐函必须直接由学校寄去，而不能交给学生转寄。那老师也真快，才隔两天，就主动对高才生说："各校的信都发出了！"

四月初，一封封学校的录取通知寄到，高才生兴奋万分地打开，几乎跳出喉咙的心脏，每看一封信就落下一截，最后掉进了冰水。原想来个全垒打的他，居然全部落空，连用来垫背的学校都对他说了"抱歉"。

⊙

好，故事说完了。我没有给答案，因为我不知道答案，美国大学对入学资料是严格保密的，没人能知道，这位高才生也一辈子不会知道自己全军覆没的原因。

但是我可以告诉你，一个名校入学部的主管对我说："推荐函非常重要，一定要找确实会欣赏你的人写，因为我们常会收到非但不推荐，反而说尽坏话的信。很可能收到两封推荐函，一封捧上天，一封又骂到死。"

我回问："这时候怎么办？你们信哪封？"

"当然是说坏话的！"他想都没想就答。

我当时一惊，问为什么。

"你想想！一个连人都认不清的学生，会聪明吗？他找写推荐函的，必定是他认为对他印象最好的，连该对他印象最好的，都要说他的坏话，他会没有问题吗？而写推荐函的人，本该帮学生忙，要对他多么不满意，才会非但不帮，还倒打一耙啊！单单这几点，他就不可取。"

现在让我们回头，再看看那高才生。他早期被那凶悍老师当众难堪，却坚持留在班上，加倍努力，扭转老师的印象。学期结束，还回头请老师写最重要的推荐函，不是很有"以德报怨"的味道吗？

他"以德报怨"，那老师当然会感动，而大力推荐他。

如果你这么想，就是太不了解人性了。

你先想想，这高才生"明知山有虎，偏向虎山行"，他存了什么想法？

他不信邪，硬要试试，以他这样的顶尖学生，那老师凭什么不给他 A。

他是不是很自负，甚至有挑战老师的意思？

碰上这样完美的学生，勤出席，次次考试拿第一，回回报告呕心沥血。那老师敢不给他 A 吗？

如果不给，别的学生，甚至别的老师会怎么想？怎么说？

于是在无形的压力下，老师屈服了，给了他 A。

请问，那老师心里能痛快吗？

这时候高才生居然请他写推荐函，滋味就更妙了！

有些人碰上这情况，确实会很感动。但也有些人，非但不感动，还会火冒三丈。

道理很简单，举个例子，今天你是网赛评审，心里偏向 B 选手，A 打出的球明明在界内，你都判"出界"。幸亏有计算机录像，在 A 抗议之后，你不得不改判，还 A 一个公道。

比赛结束，如果 A 当着千万观众的面，对你深深一鞠躬，观众

会怎么反应？（只怕笑出来。）你又会怎么感觉？

A 是捧你，还是损你？

没错！A 好像以德报怨，不计前嫌。可是，以德报怨，被报的滋味不见得都好哇！

今天如果反过来，学校请学生作教师评鉴（美国很多学校这么做问卷调查）。那老师特别请这高才生评评自己："来！你原先不是认为我很凶悍，从不给 A 吗？现在如何？你发表一下想法。"

这种"以德报怨"式的做法，被报的人一定高兴。高才生八成会说："其实老师非常认真，只是严格，不随便给分数，如今我拿了 A，更证明老师'棒！'"

为什么看来同样性质的做法，有这么不同的感觉？

因为是不得不给高才生 A 的"输家"，请得意扬扬，拿到最高分的"赢家"写。

至于前者，则是拿到高分的"赢家"，十分得意地请"憋了一肚子气的输家"写。

偏偏他写的推荐函，又是永远不会曝光的东西。高才生不是等于把脖子伸过去给他砍吗？

⊙

各位朋友，尤其是年轻朋友，如果你是那位高才生，绝对不能怪你认人不清。因为你太年轻，不懂得人性。

如果要怪，怪的是你可能太自信、太自负。你一路成功，一路获得掌声，有点得意忘形，居然向权威挑战。

而你忘了那是权威！那是你得罪不起的霸权，甚至是个把你宰了，还永远不会让你知道真相的人。

你看他为贵人，他视你为仇人。你以胜者之姿拥抱他，他不得不回抱你，却暗自咬牙，找机会捅你。

⊙

　　请不要怪我把人性说得太恶。这世上绝对有"一笑泯恩仇"，完全不计前嫌的君子。但记住！君子不多，所以当你毫无抵抗力时，千万别一厢情愿地把自己的全部"押"下去。你大可留一手，譬如留两个学校找别的老师推荐。

　　我说的是人性，申请学校如此，介绍工作如此，交朋友如此，上战场如此，没人能保证子弹一定从前面飞来。你千万别被人害了一辈子，还猪八戒地以为遇到生命中的贵人。

认清目标与底线

认清自己的目标

有个妻子要过生日了,她希望丈夫不要再送花、香水、巧克力或只是请吃顿饭。

她希望得到一颗钻戒。

"今年我过生日,你送我一颗钻戒好不好?"她对丈夫说。

"什么?"

"我不要那些花啊、香水啊、巧克力的。没意思嘛,一下就用完了、吃完了,不如钻戒,可以做个纪念。"

"钻戒,什么时候都可以买。送你花、请你吃饭,多有情调!"

"可是我要钻戒,人家都有钻戒,我就没有,就我贱、没人爱……"

结果,两个人因为生日礼物,居然吵起来了,吵得甚至要离婚。

更妙的是,刚吵完,两个人都糊涂了,彼此问:

"我们是为什么吵架啊?"

"我忘了!"太太说。

"我也忘了。"丈夫搔搔头,笑了起来:

"啊!对了!是为了你要颗钻戒。"

⊙

再说个相似的故事:

32

有个太太，想要颗钻戒当生日礼物。但是她没直说，却讲："亲爱的，今年不要送我生日礼物了，好不好？"

"为什么？"丈夫诧异地问，"我当然要送。"

"明年也不要送。"

丈夫眼睛睁得更大了。

"把钱存起来，存多一点，存到后年。"太太不好意思地小声说，"我希望你给我买一颗小钻戒……"

"噢！"丈夫说。

结果，你们猜怎么样？

生日那天，她还是得到了礼物——

得到了一颗钻戒。

⊙

当我们比较前面这两个沟通技巧的时候，可以知道第一例中的妻子太不会说话，她一开始就否定了以前的生日礼物，伤了丈夫的心。

接着她又用别人丈夫送钻戒的事，伤了丈夫的自尊。

最后，她居然否定了夫妻的感情。

何况，这样硬讨的礼物，就算拿到，又有什么意思？她丈夫的感觉也不好啊！

⊙

至于第二例，那太太就聪明多了。她虽然要钻戒，却反着来，先说不要礼物，最后才把目标说出。

因为她说后年才盼有个钻戒，丈夫提前，今年就给她一份惊喜，无论太太或丈夫，感觉都好极了，不是"双赢的沟通"吗？

尤其严重的是，第一例当中想要沟通的人，居然到后来把沟通的目标都忘了。

⊙

沟通就像爬山。你先要设定目标,然后向着目标走。有人走大道,有人爬小路,无论你从哪条路上去,都不能忘了方向、忘了目标。

许多人沟通,都犯了"才沟通,就忘了沟通目标"的毛病。如同我们常常吵完架,却忘了当初为什么吵。

认清对方的目标

"我想要辆车。"十七岁的儿子对老爸说。

"什么?你想开车?你有驾照了吗?"

"有了!学校带我们去考的。"儿子得意地掏出来。

老爸看了看,扔回去:

"开车干什么?你妈不是天天送你吗?"

"我自己开,妈妈就不必送了。我还可以帮她去买东西,我也可以接送她。"

"那你就开她的车好了。"

"我不要,那是女人开的车。"

"你要男人开的车,我的车够大、够男人了吧!让你开。改天我再买一辆。"

"我也不要,我要自己去买。"

老爸跳了起来:"买辆新车?刚开车就要新车?"

"我去买辆二手车。"儿子说。

老爸更火了:"既然买旧车,为什么不开我的车?"

"我就是要自己去买辆车……"

结果。父子居然吵了起来。

⊙

看了以上这个例子，你知道他们父子为什么沟通失败吗？

因为儿子没说出自己的目标，老爸没搞清楚"他儿子想要的是怎样的一辆车"。

想想！一个十七岁的男孩子，他会想要一部方头方屁股的车吗？你给他全新的，他也不愿意开，宁愿开辆二手的"拉风跑车"啊！

做父亲的以为儿子要车是为了方便。

儿子要车是为了年轻人耍酷、爱现。

目标没弄清楚。沟通就有了问题。

认清自己的底线

当我在印尼巴厘岛的时候，有一次逛摊子，看上了一个木雕。

"多少钱？"我问。

"两万卢比。"

"八千！"我说。

"天哪！"小贩用手拍着前额，做出一副要晕倒的样子，然后看着我，"一万五。"

"八千。"我没有表情。

"天哪！"他在原地打了一个转，又转向旁边的摊子，对着那摊子举起手里的木雕喊，"他出八千！天哪！"又对着我，"最低了，我卖你一万三，结个缘，明天你带朋友来，好不好？"

我笑着耸耸肩，转身走了，因为我口袋里只有九千，就算我出到九千，距离一万三，还是差太远。

我才走出去四五步，他在后面大声喊：

"一万二、一万二啦！"

我继续走，走到别的摊子上看东西，他还在招手：

"你来！你来！我们是朋友，对不对？我算你一万，半卖半送！"

我继续走，走出了那摊贩聚集的地方。

突然一个小孩跑来，拉着我，我好奇地跟他走，原来是那摊贩派来的，把我拉回那家店。

"好啦！好啦！我要休息了，就八千啦！"

⊙

现在，每当我看到桌子上摆的这个木雕，就想起那个小贩。我常想，我为什么能那么便宜地买到？

因为我坚持了自己的底线。

我也想，他为什么会卖？

想到这个，我又不是多么得意了，因为八千卢比，一定也在他的底线之上，搞不好七千他也卖了。

双向的沟通，有时候就像讨价还价。你不可能让他全部得逞，他也不可能对你完全让步。两方面一定先在心里有个最低的底线，再在这个底线上沟通。也只有这样经过反复磋商，双方都有"让步"，也都有"斩获"的情况下，才能叫作"双赢的沟通"。

认清对方的底线

有一天，大概就在今年七月，我在纽约的电视上看到台湾的电视座谈，谈的是"怎么处理公娼"。

有人主张把公娼制度完全废除，有人主张继续存在，使人们有个处理性欲的渠道，有人主张逐渐让公娼转业。

我记得其中几句话。

有一个人说：

"娼妓禁不了，因为你如果问公娼，禁了之后，她要做什么，她八成告诉你，她要转业私娼。"

另一人说：

"最重要的是不容易辅导转业。她们一个月平均赚二十万元新台币。她们会说，你是不是给我介绍个二十万的工作？如果可以，我就转业。"

记得连主持人都笑说，他从事电视工作，一个月都没二十万元新台币的收入。好像娼妓真难禁绝的样子。

⊙

从这件事，我们可以知道，在与这些公娼沟通的过程中，最大的问题，不是谁对谁错，或合法违法，而是那二十万元的收入。

每个谈判，对方都有他坚持的底线。当你要摊贩离开他几十年摆摊子的地方时，他会要你安排其他做生意的地方。

当你要拆违建的时候，得先为他安排搬离之后的去处。

当你不能安排好转业或下一个去处的时候，无论你有多好的沟通技巧，都难成功。

所以。"沟通"往往在要求对方解决你的问题之前，先得为对方考虑，了解他的"底线"、他的问题，并且为他解决问题。

别把自己锁在门内

打开心门，真的太重要了

有一天，我到朋友家去，很惊讶地发现，他正喂怀里的娃娃吃乳酪。

"我只是给她尝尝味道，让她从小就习惯。"朋友笑道，"免得长大了，怕乳酪味道。还可能因此打不进洋人的社会。"

可不是吗？在美国处处看见中国人拒吃加了起士的东西，说又酸又臭，令人作呕。偏偏西餐里常加乳酪，连鸡尾酒会，都拿各种起士做点心。当我们不碰任何有起士味道的东西时，造成许多食物都不能吃了。

起士与臭豆腐

相对地，洋人常是不吃海参、皮蛋和臭豆腐的，甚至在中国待上几十年的外国人，碰到这三样东西，都敬而远之。

于是，中国人常拿洋人开玩笑——

"您到中国多久了？"

"十三年了。"

"您真算是个中国通了。不过，您爱吃臭豆腐吗？"

"我不敢吃。"

"对不起！您对中国文化是一通也不通了！"

这虽然是个笑话，却有值得我们深思的道理。

为什么中国人非但不怕臭豆腐，而且觉得好吃无比，西方人又视乳酪为珍馐美味，甚至不可一日无此君呢？

当我们拒绝一种食物的时候，是不是也拒绝了一种文化？甚至因此失去了许多情趣？

同样的道理，当有一个人对你说：

"我不能吃烤的，因为会上火。我也不能吃炸的，因为会泻肚子。我更不敢吃生的，因为会恶心。"

于是，你不能请他吃蒙古烤肉、美国炸鸡，更不能请他上日本料理店吃生鱼片。那是幸，还是不幸呢？

走向新一代

我有一位邻居，专门向大工厂推销经营理念，他对我说了一段很耐人寻味的话：

"当我去拜访时，有些工厂老板，无论多忙，都会安排时间，不但细细听，而且提出问题。相反地，有些老板只是一挥手：'我没空！'"他语重心长地说，"对于后者。我只有同情。因为他不但把我关在门外，也把他接触一个新观念的机会，关在了门外。"

他的话使我想起一老、一少。

"一老"是叶公超先生。我记得就在他过世前不久，还参加了"国立历史博物馆"的艺术家座谈会。

满头银发的叶先生，扶着拐杖站起来，很客气地"请教"一位新潮艺术家的创作理念。他很辛苦地站着，盯着对方，十分专注地听那个比他小半个世纪的年轻人分析。

我突然有种强烈的感动，觉得眼前这位外交名宿，虽然已经七十五岁，仍然站在时代的前端。

至于那"一少"，则是位文艺界的朋友。有一天，她很不屑地对我批评一位二十几岁的新作家，说那作品太肤浅，真是一代不如

一代。

问题是，当我硬不信邪地看过之后，却发现那文坛新秀的作品好极了。

我开始了解：

当一个人追不上时代，他表现的第一个特征，就是否定新一代。他对新一代关上门，也把自己锁进了旧时代。

打开你的心门

只是令我惊讶的是，居然在新一代当中，也有人患了这种"关门"的毛病。

记得一群美术系的学生，曾对我说："我们很讨厌阿璧那一套。"

他们说的阿璧，是老一辈的书坛宗师黄君璧先生。

也记得一群某名校的学生得意地对我讲：

"我们是不听国语歌曲、不看国片的。太没水准了！"

他们岂知道，当他们这么做的时候，也是关起了自己的门。不论对下一代或上一代，只要关起门，就使自己的眼界更窄、出路更有限。

其实我的儿子，也做过同样的傻事。

几年前，当我放国语歌曲给他听的时候，他很不屑地摇摇手走开了。但是，没过多久，他到了台湾，接触了台湾的年轻人。也了解了台湾音乐制作的情况。

他突然改了，说中国台湾同时接受欧美和日本的最新资讯，在音乐创作上有惊人的潜力和成就。他为什么会一百八十度大转弯？因为他对台湾打开了心门。

用他们的眼睛看

"试着用他们的生活去生活，用他们的眼睛去看他们的世界。"

在研究落后民族文化的时候，我接触到这句人类学的名言，也被它深深地影响。

我发现当我们嘲笑那些原始民族，为什么只会叉鱼、不会网鱼，为什么对死人，有那许多奇怪的禁忌时，常因为我们不了解他们。

每一个民族，都是人类，都经过千万年的岁月，绵延到今天。我们会想，他们也会想。我们有我们的价值观，他们有他们的价值观。

我们应该谅解每一个民族的文化和习俗，都有他们的道理。而当我们有了"文化谅解"，也就有了同情，以同一种情怀，同一个角度，去看这个世界。更可以说：

我们对世界的每一种文化，打开了心门。

新人类的语言

打开心门，真是太重要了。

无论多忙，我每天总要抽时间看报纸、看电视、看杂志，也常常借录像带回家欣赏。

看报纸的时候，我不但看大新闻，也看小小的分类广告。因为在那里，我可以见到许多"社会角落"的动态。

看电视的时候，我常转到服装表演的频道。虽然知道自己不会，也不敢穿那样新潮的衣服，但我要看看现在流行什么，我相信那流行一定有它的道理。我可以不跟，但不能不知。

看杂志的时候，我会注意"新人类"的语言，也常看看新人类餐厅的介绍。我会想，在那小巷里开了这么一个很新潮的咖啡店，会有怎样的"酷"人，往那里聚集？又会在他们交会时，发出怎样的闪电？如同三十年前，武昌街的明星咖啡屋，闪出多少文艺的火花。

至于我看的电影，常是由美国图书馆借来的。许多是法国、德国或意大利的作品，必须跟着英文字幕欣赏。

许多片子，好冷、好平、好枯燥。

许多次，我才看了一下，就想关机。

许多片子，我看完十分之九，都觉得烂。

但是，我相信，它一定有它的道理，于是坚持到底看了下去。

妙的是：看完那最后的十分之一，我一次又一次地被感动了。我发现自己最想半途关机的，常是留给我最深印象的电影。

我真庆幸自己没有关机。否则，我就关上了自己的机会。我也真庆幸自己，总能欣赏年轻人的作品，表示我还年轻。

而每当我听朋友说"我不看某人的作品，我不吃某种东西，我绝不跟某人交谈"的时候。

我都会对他们说：

"别将别人关在门外，也把自己锁在了门内！"

刘 墉

作 品 精 选

沟通之道篇

一句话让你成功

"秦小姐好！"小康堆上一脸笑，"王总来了吧？对不起，我提早到了。噢！对了！我叫工厂送样品过来。"小康东张西望地说，"是不是还没送到哇？"

秦小姐摇摇头。

"什么？还没送到？唉！他们老是拖。"小康立刻拨手机，才拨两下，看小廖进来了，立刻停止动作。

"小廖居然也来这里抢生意，"小康心想，"他跟我从同一个地方进货，麻烦了，他报价会不会比我低？"心里想，表面还是堆一脸笑，跟小廖握了个手。

小廖的手又湿又滑，他也去向秦小姐示好："秦小姐好！"然后也一样小声问秦小姐，"请问我那样品送到没有？"

秦小姐也照样摇了摇头。

就在这时候，门开了，王总走了出来，居然没叫两个人进去，只是匆匆忙忙地说：

"你们推销离心果汁机，有没有附加切菜功能的那种？"

"有有有！"小廖和小康一起答。

"那就现在拿一台来看看，我急需。"王总说完，居然又进去了。

⊙

小康反应快，一个箭步，跳出门去，躲在一角打手机："喂，我是小康啊！我要你们出的那台机器送来了吗？什么？出来了？你们不是总拖吗？怎么今天那么快？麻烦你们再出一趟车送一个 A3 型过

来，拜托！拜托！"

小廖在会客室里也没有闲着，他向秦小姐借了电话：

"喂，我是小廖，我急着要补一个 A3 型切菜机，如果来得及，你们跟离心机一起送过来好不好？"

⊙

两个人打完电话，都继续在会客室里等。

突然电话响，秦小姐进去几秒钟，便见王总穿得整整齐齐地冲出办公室。

又过几分钟，进来七八个洋人，看王总的样子，必定都是大客户。

王总的办公室门关上，接着又打开。王总探出头来，低声吼："切菜机和离心机呢？"

"立刻到！立刻到！"小康和小廖赶紧报告。

果然，正说呢，东西就送到了。三个大箱子抬了进来。

"康先生一台离心机，廖先生一台离心机，加上后来追加的切菜机，"送货员说，"请签收。"

有话好说

你猜，这笔大生意，小康做成了，还是小廖做成了？

当然是小廖。

可是你想通了吗？同一个送货员，同一辆车，由同一个公司出的货，两个人又在同一时间打电话，要求加送一件。

为什么小廖的赶上了，小康的没赶上呢？

如果你是商场老板，一定早知道答案了——

因为他们说话的方式。

当一个公司送货总是迟、总是慢，总挨你骂的时候，有一天，你居然盼望他还没出发，希望他加送一件东西的时候，千万别一开口就问："东西送出来了吗？"

当你这样问的时候，明明东西还没出门，他怕你骂，也会说："走了！走了!"

这时候，你要他加一件，他好意思改口就说"正巧，还没走"吗？

但是，当你换个说法："我急着要加一件，如果东西还没出门就好极了。"对方则可能说："真巧！车子正发动，我叫他等一下。"

于是，你赶上了。

当你又要迟到的时候

换个角度。如果以前约会，你总迟到，今天你又要迟十五分钟，为了怕对方着急，你打电话过去，说话的技巧也很重要。

假使你电话一接通，就说："对不起，我今天要迟一点。"

你猜对方会怎么反应？由于他已经很痛恨你过去迟到，他八成会立刻冒火："怎么搞的？又迟到。你不是说这次会准时吗？"

但是当你换个方式，说："老张啊！我准三点一刻到，堵车，稍迟十五分钟。"

他一听，只迟十五分钟，则可能高高兴兴地说："好！我等你。"

当你只考六十分

又比如，你是个学生。

今天考数学，考了六十分，你回家要怎么说？

如果你开门见山："爸爸，我数学考六十分。"

搞不好，啪一声，一记耳光过来。

但假使你拐个弯说：

"今天数学考试好难哟，多半的人都不及格，连向来第一名的王大毛都只考六十五分。"

你老爸问："那你考几分？"

"刚好及格，六十分。"

相信，那一巴掌绝不会过来，老爸当天如果情绪好，还能赞美你两句呢！

当场砸了宝贝

一个女学生上课时对老师说："我昨天打破了我爸的古董茶壶。"

"你父亲有没有很生气？"老师问她。

"没有耶！我对他说：'爸爸，我给您泡茶，泡了这么多年，都很小心，可是今天不晓得怎么搞的，把茶壶打破了。'"女学生说，"我爸爸先一怔，然后笑笑，故作没事地说：'破了就破了，东西总会破的，改天再买一个新的吧！'"

她这话，全班都听到了。

无巧不巧，隔几天，另外一个女学生也为她爸爸泡了好几年的茶，也打破了古董茶壶。

她想起前面女学生说的话，照样去向她的爸爸报告，却被臭骂一顿。原因是，她把同样的话，换了个前后次序说出来——

"爸爸！我打破了茶壶。"她战战兢兢地报告。

"什么？把茶壶打破了，那是古董耶！"她老爸脸色大变。

"爸爸！可是我今天不晓得怎么搞的……"她解释。

"你心不在焉！粗心！"

"可是，我给您泡茶，泡了这么多年……"她又解释。

"你还强辩？"老爸吼了起来。

坏话要缓说

好！现在让我们回头看前面的四个故事——

"你们送货车出来了吗？"

48

“我今天要迟到。”

“我数学考六十分。”

“我把茶壶打破了。”

这些都是他们说话的重点。如果是播报新闻或开会，这些重点都必须先说。但是在某些特殊的情况下，为了减少"冲击"，却不得不后说。

也可以讲，令人敏感的结果，最好不要单刀直入，你可以先"设定底线"，使对方知道糟也糟不到哪里去，或者经过"对比"，使那原本听起来很突兀的结果，显得不那么刺耳。

当然，还有许多情况，需要你先隐藏谈话的目的，一点一点，制造气氛，引导对方进入你的主题。

看谁耐得住

"我们要占百分之七十。"美国代表麦克才坐下来，就斩钉截铁地说。

"那就没什么好谈了嘛！"方副总扯了扯周总的袖子。

"不不不！可以谈。"周总只当没听到，对麦克笑笑，打开手上的资料，推了过去，"您看看，将来的市场，单单在我这边就有多少，而且还在成长。"指指资料上的一页，"再说，运费贵，我们这边人工又便宜得多，何必舍近求远呢？"

那麦克，居然连资料都没瞧一眼，就还是那句话：

"百分之七十，少一分都不成，这不是我的想法，是我公司的底线。"

"问题是……"方副总看看周总，对麦克说，"我们的底线也是百分之七十。"

麦克突然把手上的文件夹一合，又把椅子往后挪了挪："那就没什么好谈的了。"接着把脖子伸长，盯着周、方二人，"喂！你是用我的品牌耶！"

"好！好！好！"周总把方副总一挡，"第一次合作，我让！我占百分之六十，一下子减少一成。行了吧？"

"不行！"麦克哼了一声，低头翻他自己的文件，找出一页，也推过桌子中间，"你们二位看看，这是上次你们来美国，大家开会的备忘录。"

"不错不错！"周总笑道，一边做样子翻了两页，"可是您要知道，今天我们打开了东南亚的市场，此一时、彼一时嘛！"

麦克沉吟了一下："东南亚，你保证销多少?"

方副总立刻叫了起来："奇怪了! 你为什么没看我们传给你的资料呢?"

"看了!"麦克重复了一遍，"看了!"又低头翻他手上的东西，突然抬起头，"好吧! 我让，我们要百分之六十。"

周总没吭气，方副总把脸望向窗外，天已经暗了，看着表，快六点了。

"先吃饭吧!"周总说。

⊙

肚子填饱，两边的语气好多了，不过那冷战的气氛还在，双方的部属，虽然在另一桌，也都安安静静。

"继续谈吧!"周总伸伸手，"已经很有进展了!"

麦克想了想，又去跟他的副手咬咬耳朵，回来说："好吧! 谈不成也没办法，明天我们非走不可。"

挑灯夜战，一个大长桌，双方二十多人，只听见文件翻动和咖啡杯碰到碟子的声音，居然僵在那儿，连交谈的机会都没有。

不过总算双方都有了妥协，降到各坚持百分之五十五。

"我已经让步太多了，让了百分之十五了。"麦克搓着手，又看看表，"看样子，没希望了。"

"有希望! 有希望!"周总居然还是笑嘻嘻地说，"继续讨论嘛!"话没说完，方副总插话进来:

"周总，您是怎么啦? 已经让到五十五了耶!"

⊙

夜深了，可以感觉外面街上变得安安静静，偶尔有救护车开过的声音。

两边人都在打呵欠，却又都捂着嘴，不让人看见。

上厕所的人也多了，还有人出去抽烟。只有周总和麦克，还各自一页一页地翻资料。

那些文件他们早看过几百次了，这看，是真看，还是装样子？没人知道。

麦克终于忍不住了，站起身，用眼神示意一下随员，一起站起来，再跟周总、方副总握手，耸耸肩："我已经尽了最大的努力。"

两批人往门外走，周总突然拍拍麦克，小声说："糟糕，我忘了讲，最近澳洲有人来过，他们也打算下单。"

"噢？"麦克苦笑一下，"那又能下多少？"

"未来难说哟！"周总拍拍麦克，"再谈谈吧！"

麦克迟疑了，僵在大门口。

往外一步，两边就吹了；往里一步，难道十一点半，还要继续？

方副总也过来鞠个躬，伸长了胳臂，请麦克留步。

麦克深深吸了口气，隔了半分钟："好吧！就百分之五十吧！希望我们作最大的让步，能换来以后更大的成功。"

⊙

真是"柳暗花明"，事情突然变得出奇顺利，深夜十二点半，周总已经把麦克送回旅馆，才回到车上，就一个电话打去董事长家：

"对不起！让您久等了，居然谈成了耶，各占百分之五十。"

就听那边一片欢呼声，原来董事会几个"大头"都在那儿。

这边麦克才进房间，也拨了越洋电话：

"太成功了！太成功了！硬是没被他们吃定，硬是谈成了——百分之五十！"

有话好说

如果你初入社会，一定会觉得匪夷所思：

"怎么可能？两边原来都坚持百分之七十，最后居然会双双让步，谈成百分之五十。要让也不可能这么让嘛!"

但是如果你在商场和外交圈久了，一定就能了解，什么叫作"谈判"，什么又叫"折冲樽俎"。

谈判就是把原来不可能谈成的事谈成。

"折冲樽俎"就是把几乎已经撕破的脸，变成笑脸。

当然这"谈判"与"折冲"，也就是说话的最高艺术了。

先进两步，再退一步

看政治外交的新闻，你一定常会骂："奇怪了! 为什么双方都要那么坚持? 退一步海阔天空嘛!"

等到峰回路转，双双作了让步，你又可能骂："早知道后来会让，何不一开始就别坚持?"

如果你这么说，就是太外行了。

要知道，谈判好比两国争疆界，双方一定都往对方那里划线，然后一点一点退、一点一点让，最后终于达成共识。

要是你一开始，就很"礼让"，就很"君子"，把线划在中间。对不起! 对方一定得寸进尺，最后把线划到你的国土上。

现在你就可以了解，前面故事里，其实双方都在演、都在熬、都在耗，耗到最后的底线。

在那耗的过程中，任何一边松口，对方就占了便宜。

耗到你不行

"耗"是门很大的学问。

不知你有没有听过这么个笑话——

有个书商找推销员，挨家挨户去销他们的新书。

每个来应征的都能说会道，只有一个，居然是严重的结巴。

"你行吗?"书商问。

"行……行……行……"那结巴花了五秒钟才答一个字。

"好好好!"书商笑起来,"你就试一天吧!"

一天过去,大家都回来交成绩。

居然结巴卖得比谁都多。

"为什么?"大家不信。

"因……因……因……为……我……每到……一……家……就……就……打……开……开……书书书书……说……我……我……我……念……念……"

笑话说到这儿,你看懂了吗?

结巴成功,因为他会"耗"!当初那书商用他,不也是受不了他说话的速度吗?只怕他的同事也受不了他的答案,他才讲一半,大家就说听懂了。

这虽然是个笑话,但也是说明一个事实——

慢慢熬、慢慢耗、慢慢谈,许多原本谈不成的事,都能谈成。

疲劳轰炸的战术

人有个毛病,就是禁不住疲劳轰炸。

譬如一个人去选家具,他看了这样看那样,逛完这家逛那家,比比这比比那,最后听累了、走累了,很可能莫名其妙地选了他最后看到的那一样。

那一样真是最好的吗?只怕不是!

但是他已经倦了,早完早好,他只想把事情办完,于是做了决定。

仔细想想,公司里许多会议、"立法院"许多议案,不是都拖来拖去,拖到最后一分钟,"散会"和"休会"之前,"挑灯夜战"才通过吗?

那些决定,都是最深思熟虑的结果吗,抑或只因为大家都太累了?

设下谈判的陷阱

再让我们回到故事里的百分之七十这件事。

要知道，会推销的人，除了会先占地盘，再一点一点退的技术，还会使用"陷阱"。

举个例子，一个房地产捐客，他可能带你看几十户房子。那些房子不是太旧就是太贵。当你发现原来房子这么难找，正想打退堂鼓的时候，他突然告诉你一个好消息："有个才推出的房子，真是千载难逢的机会，被你碰上了。"

他带你去，果然，样样都合你意，你立刻买了，心想："唉！早知道看这一户就成了，前面何必浪费那么多时间。"

你岂知道，他带你看那几十户，就是为了要你买这一户啊！他先把你的锐气挫到最低，再让你豁然开朗。这就好比前一个礼拜医生先说你恐怕有"大毛病"，这礼拜检查报告出来，又告诉你"没问题"一样，使你在大失之后有了大得的喜悦。

请你随我来

那捐客的技巧，处处可用——

譬如你要请女朋友看电影，你知道她想看《绿女郎》，可是你实在受不了那种爱情文艺，你想看的是《绿侠客》。你能问女孩子要看《绿女郎》还是《绿侠客》吗？

当然不会！于是你可以问她："有好几部电影给你挑，有《黑武士》，很残酷，有砍头的镜头。"

"恶心！不要！"她喊。

"还有《黑蜘蛛》，是恐怖片，保险你尖叫。"

"我才不要呢！"她又喊。

"对了！还有一部《绿侠客》，动作加爱情……"

"就看这部吧!"

于是你成功了,因为你设了陷阱,让她比较,然后作了"你满意"的选择。

对比的艺术

说话讲究气氛、讲求环境,而那气氛与环境则包括了最重要的"对比"。

如同你结婚请伴娘,不会请一堆比你艳丽高挑的,最起码你会找与你差不多的(甚至比你丑多了的)。这样对比之下,才不使你失色。

谈判也一样,那是一连串的"暗地较劲",你必须把自己的阵势布好。随时暗示你的底线,随时让他比较各种条件,认识"你",也认识"他自己",你更可以把他有的选择摊在他面前,用对比的方式,把他带到你要的方向。

最后,我要引用一句外交界常说的话:

"如果有绝对谈不成的事,就不叫外交了。"

面对多么大的冲突,你都要学前面故事中的那位周总,笑笑:"可以谈,有希望!"

然后,把事情谈成。

实话虚说

前面我们谈到怎么"实话实说",这里反过来,让我讲讲"实话虚说"。

虚说的实话,基本上还是实话,只是说得不够精确,或者说得松散。

举个例子,现在不少电视和广告节目有 call-in,由观众或听众打电话进去。因为时间有限,每通电话不能长,甚至限制在三十秒钟之内。

有一种人 call-in,就算给他五分钟也不够。譬如,丁零!主持人接起电话。对方说:"喂!凤凰卫视吗?刘先生的《世说心语》吗?哎呀!我终于打通了,我打了不知道几百次了,每天都打,现在总算通了!刘先生,您好!我真佩服您啊!我今天打电话,是有话不吐不快啊!我憋在心里都快发疯了!我是说啊……"

他才说到这儿,已经三十秒了,主持人已经谢谢他,去接下一通电话了!

这种人就是说话不够"实"。

⊙

各位别以为这是特别啰唆的人才犯的错,要知道有这毛病的还真不少。举个例子:

有朋友突然造访,十二点半,正是吃中饭的时候。你问他吃了没有,他不直说,却绕弯子:"我今天其实起得很早,也不知为什么,瞎忙,又接到一个电话,瞎扯了半天,突然想到有个东西早该

交给你，匆匆忙忙赶过来，说实话，我连早饭都没吃，可饿死了！"

他何不直接说他没吃呢？八成因为客气，扯了一堆。

如果你说话有这种毛病，一定要检讨，因为实话虚说的人，非但不干脆，而且容易显得不诚恳。

譬如你问你的部属，前天交代他的报告做好没有。

他不直接答，先说："哎呀！报告长官，我最近是真倒霉，前天半夜下大雨，房子居然漏了，东边接水，西边接水，整夜没睡，昨天办公室又忙……"

他是不是才说三句，你已经猜到他没做好？问题是听他这么说，你特别火大。

因为他在答话之前，先找了一堆借口。

你注意，很多心里有鬼的人，都爱用这种说话的方法。

⊙

但是"实话虚说"也不是完全没用。很多人就用这种方法，既没有撒谎，说了实话，又能避免尴尬。

譬如有一位中国台湾政界的名人，为了选举拉票，不得不上一个很搞笑的电视节目，那主持人真够刁的，她居然问："您都穿什么颜色的内裤啊？"

那位名人反应还真不错，一笑，说："我都穿我太太知道的颜色。"

最有意思的是三十多年前，当梁实秋跟他后来的太太韩菁清热恋时，梁先生夜里回台北，我去机场采访他，问他什么时候结婚。

梁实秋抬头看看天，笑说："总得等天亮了吧！"

要知道，人都很聪明，听对方这么一说，知道他不愿意答，往往就不继续问了。结果，答的人没撒谎，说的是实话，却又等于没答。

⊙

实话虚说最好的就是你能不撒谎。

我记得当我二十几岁的时候，听一个画廊老板说过一段话，印象十分深刻。

那老板说："人何必撒谎呢？我虽然做生意，但我不撒谎，当人家问我往哪个方向去的时候，我不愿意告诉他我去西边，我可以说我没去北边，也没去南边。"

同样的道理，当你乔迁，大家来贺，有人居然问："您这房子真不错，多少钱买的啊？"

他问得很唐突，你原来想说："对不起！不能告诉你。"但是又怕让他尴尬。

于是你可以换个方法说："哎呀！这房子虽然称不上豪宅，但比我上一栋贵多了。"

你上一栋如果值一百万，这栋花了一百五十万、两百万，甚至三百万，你不是都能这么说吗？

再不然，如果那房子是一百五十万，你可以讲："可花了一百多万呢！"或是说："还好！不到两百万。"

相反，如果你不懂这个技巧，又装阔，吹牛说一百九十万，偏偏前面有人问，你的另一半才说一百六十万，不是马上就穿帮，显示你们两口子说话不实在吗？

⊙

实话虚说还有个特色，是你可以把"语气"或"语法"调换一下，内容没改，感觉改了。

譬如老李、老张冲突，他们都是你朋友，也都找你抱怨是对方的错。

老李对你说："老张应该向我道歉。"

你搞不清楚情况，又不愿意偏袒任何一方，你可以附和他的话

说："如果老张有错，当然应该道歉！"

老张又来对你说："我绝不向老李道歉。"

你还是可以顺着他的话说："没错的人当然不必道歉。"

乍听，你两边都没得罪，而且说得理直气壮，一副仗义执言的样子，但仔细想想，"有错当然该道歉"，或"没错当然不必道歉"，你只是说了实实在在、公公正正的话。这就是"实话虚说"的妙处。

⊙

还有一种方法，是用假设。譬如去年台湾某杂志访问一位大陆著名的企业家，问了个很辣的问题："请问您觉得两岸的大学，哪边比较强？"

这位企业家说："台湾的大学在理工科很强，举例说，把台湾理工大学的任何一位教授放到大陆的一流大学，表现都会非常杰出。"

他虽然没有正面答，但是听的人不太会觉得不妥。这种实话虚答，你说高不高明？

用身体说出真心话

小李的故事

自从戴上这一只世界名牌手表，小李就觉得信心大增。尤其是今天，要跟"心仪"已久的王董事长碰面，觉得格外有光彩。

想想，现在商场上的大老板，哪一个不戴名表？虽然那表怎么看都又大又重，而且厚厚的，一点也没有现代感。外面还加上一圈花花的、像齿轮一样的装饰，看起来好招眼。

可是，戴这名表不就为招眼，就为"秀"，表示老子有钱、够分量吗？

不招眼还有什么意思？

过去每次跟商场的朋友碰面，人家个个举起杯来敬酒，腕上的"满天星"闪闪发亮，只有小李最寒酸，有一阵子他甚至把表藏在口袋里，别人问，就说忘记戴了。

不戴，都比戴个烂表有面子！

⊙

当然，今天是不一样了，小李走进王董事长办公室时，就举起手看表。

"您下面有急事？"王董事长一面请小李入座，一边也看看手表，问小李。

王董戴的不也是这种金表吗？

"没事、没事。"小李说，又举起表看了看，还故意抖了抖手腕，让那金表链抖出一串声音。接着打开箱子，拿出准备许久的资料，双手伸得长长地递给王董，左手尤其伸得长些，露出那只新表。

王董一页一页地翻。小李静静地看，想起手上的表，心又怦怦跳，觉得好神气："像我这种贫苦出身，才创业三年的小子，有几个戴得起这种表中之王的。"

小李又故意理了理西装、伸了伸左手，让金表从袖口露出来，再托着自己的下巴，把手背向外转，使王董不时抬起的头，能看到自己的新表。

突然，王董不翻了，把资料还给小李，笑笑说：

"好构想！好构想！但是需要时间慢慢商量，我看您也忙，咱们改天再约吧！"

接着按对讲机，叫秘书进来送客了。

"我不忙、我不忙，您可以慢慢看。"小李举着手里的资料，急着说。

"我看您下头一定有要事。"王董把资料挡了回去，"我也忙，等大家都空的时候再说吧！"

不可随便看手表

看了这个故事，您有什么感想？

小李为什么没能抓住这重要的机会？王董事长为什么一直觉得小李另有急事？

"你既然下面有急事，从进门，就猛看手表，何必来谈呢？早早约好的，你如果重视这个约会，就应该先挪出时间，从从容容地谈，你是不是要赶三点半？怕银行跳票？从一进门，你就已经表现出毛躁不可靠的样子了嘛！何况，在我王董面前，你猛看表，是耍大牌吗？"

如果您是王董，会不会这么想？

特殊的敏锐

每个在社会上闯久了懂得人际沟通的人，都具有一种特殊的敏锐，也就是：

从最细微的地方观察对方——

他有没有偷偷看手表，显示时间已到？

他有没有用手摸脖子后面，表示不耐烦？

他会不会在坐着的时候抖腿？表示他的不安？

他握手时，手上是不是又湿又冷，显示他的紧张？

他说话时敢不敢盯着我的眼睛，表现他的诚意和自信？

身体信息

要知道，你与人沟通的成功与否，不止在于你会不会说话、会不会用言辞表达，也在于你"身体语言"所传递的信息。

我有个同学，曾经在餐馆打工，他说如果有一群客人走进来，只要从门口走到桌子坐下，这么短的时间，他就能看出谁是当天要付账的主人。

"这人可以从头到尾都不怎么说话，他甚至自己不点菜。但是坐在那儿，感觉就不一样。"我的同学说，"如果这群人是分摊付账，你也可以看出谁是主客，或分量最重的人。"

请问，他凭什么判断？

凭对方的"身体语言"。

请人捉刀的故事

《世说新语》中有个很有意思的故事——

魏武帝（曹操）要接见匈奴的使者，曹操认为自己长得矮小，不足以压住匈奴。于是叫威武的崔季圭装扮起来，代替他接见使者。曹操自己则握着一把刀，站在崔季圭座位的旁边。

接见完毕，曹操令派在使者身边的间谍问："您觉得魏王怎么样？"

匈奴使者答道：

"魏王看起来很文雅，但是站在他旁边拿着刀的人，可真是个英雄啊！"

⊙

想想，如果那侍卫硬是顶替国君去谈事情，可能谈得好吗？

所以我们在与人沟通之前，一定得充实自己的信心，使自己感觉有分量。这信心可以从两方面来充实，一个是你真要"艺高人胆大"，由于准备充足，而能显示自信。另一个是如同许多球员上场之前，会彼此拍拍、打打气。你可以在出门之前，尽量想想自己的长处、鼓励自己，对自己说：

"我办得到的。我相信自己办得到。"

只有你带着这种"我相信自己办得到"的心情出马，才能显示你的力量，也才能让人信服。

约定俗成的语言

"身体语言"除了是一种自然的感觉，在许多高级社交圈也成为"约定俗成的语言"。

像前面故事中的小李，只因为看表，就使王董事长觉得他有急事。如果换成一般人，恐怕不会那么"敏感"。

这是因为在那个繁忙的圈子，大家已经用看表来当作说"时间到了"。

所以，如果你只想知道现在几点，就应该很有技巧地偷偷看表。

其中最好的方法，是不看自己的手表，而"不经意"地看对方手上的表。

你只要稍稍让对方觉察你在看表，他一定会不安。

更严重的是，如果你看表的动作太明显，或次数太多，则是明明白白地表示"我的时间不够了"。

如果你是主人，对方会急着告辞；如果你是客人，对方会急于送客。

手的语言

另外一个重要的身体语言是"手的位置"。

我有一位同学失业。他父亲的朋友听说了，很愿意安排个工作给他，并叫他去谈谈。

我的同学兴奋得很，跑去谈，可是回来之后，久久没有回音。请自己父亲去问，对方说：

"你儿子是不错，我也想好好用他，但是恐怕他并不喜欢那个工作。"

"他说他不喜欢？"那同学的父亲问。

"没有，但是当我跟他讲他的工作时，他把两只手抱在胸前。"

⊙

"以手抱胸"表现的是"敌意"，也是"不安"。

因为我们身体重要的器官都在前面，最重要的心和肺，更在胸部。所以当我们遇到危险，要自我保护时，一定会抱胸。

自我保护表现的是不安全感、是敌意、是排斥，也是"我对你的看法不能苟同"。

所以，当你与一群人说话时，那些"以手抱胸"的人总会给你一种压迫感。同样的，当你有一天做老板，向部属训话时，你当然对那些坐在下面以手抱胸的职员，心里会有些不痛快。

就算你没有不痛快，如果你了解身体语言，也应该会想："他或她一定有自己的想法。"

知道了这一点，当我们与人交谈时，能不时时提醒自己"不可随便抱胸"吗？

双手负背的自信

与抱胸相反，当你把双手背在身后的时候，表现的则是自信。

因为你把身体最重要的位置，都"不设防"地摊在对方前面，你如果没有两把刷子、十足的把握，岂敢这样做？

所以当你做领导人训话时，把手在身后，常最能表现力量。

如果你是晚辈，在听长辈训话的时候，为了表示恭敬，最好把两只手垂在身侧。或在坐着时，放在腿上。你绝对不能抱胸，更不能用手不断摸脖子后面。因为那表现了另一个重要的身体语言——

你的脖子痛，实在疲累、不耐烦。

脖子不可随便转

谈到脖子，也就讲到头。

请试着做做看：

你坐着，把两手放在一条腿的膝盖上，正面看着你正前方的人。

是不是感觉亲切？

⊙

现在，如果那个人不是坐在你正前方，而是坐在你左侧方或右侧方。

如果你身体完全不动，只把头扭过去看"他"。

你是不是表现了"怀疑、傲慢、姑且听之"的样子？

但是，当你把身子也同时转向对方的时候，情况就作了一百八十度的改变，成为：

"我很重视你说的，转过身来看着，要好好听清楚。"

想想，如果你某日跟一群朋友在一起，突然想到个点子，提出来，大家都身体不动，只把头转向你，其中却有一人，把身子转过来，听你说，你是不是对"那个人"特别有好感？

手势不可乱比

说话时比手势也是如此。

试试看！

你盯着右前方的人说话，并且用右手比手势，比向右前方。

它显示的是你在强调自己的话。

但是现在，你如果手的位置不变，还指向右前方，却把头转向左前方。

坐在你左前方的人，会感觉你的手势"很大牌"。表现了"我不在乎！有什么稀奇！这件事，水到渠成"！

原来坐在右前方的人，只见你的手指向他，面孔却不看他，则感觉被轻视。

由此可知，无论你的手势或身体。都应该跟着你的脸动、跟着你的眼睛走。

眼神、眼神

提到眼睛，学问就更大了。

我父亲对我说过一件往事。

有一次他去演讲，并在演讲后为读者签名，由于读者非常多，从台子上排到礼堂外面，又有许多人要握手，使他为赶时间，不得不一边握、一边签，连头都没抬起来。

事后有读者写信给他，说他握手时没看着读者的眼睛，很可惜。

"不只是可惜!"我父亲说，"是失礼，想想一个人跟你握手时，你的眼睛却在看别的地方，或招呼下一个人，是多么坏的感觉。"

从那以后，他每次跟读者握手，一定看着对方。他说："那四目交会的一瞬间，感觉真是好极了。"

⊙

人很妙，你走在街上，眼睛掠来掠去，可以看上千百人，都没什么特别的感觉。但是突然间，一双眼睛跟你正好"对上"，就会有一种"我注意到他，他也注意到我了"的感触。

许多年不见的朋友，在街上相遇，也是先眼睛掠过，觉得有点熟，再转回来，盯到彼此的眼睛，才心头一震，大叫：

"那不是你吗？没弄错吧？多少年不见了。"

好演员都懂得"眼睛戏"；会说故事的人，都懂得用眼神抓住观众，好的沟通者，都知道诚恳地看着对方，并用身体配合着面对。

⊙

请记住!

身体语言，没有声音，却能引起另一种"共鸣"，产生另一种"触动"；也能因此引起别人的反感，使自己莫名其妙地吃了亏。

善于沟通者，必定是擅长使用身体语言的人。

看人说话

热脸不贴冷屁股
——让大家的情绪一同起飞

差的推销员是上门背书给你听。

打电话推销的，

常让你觉得那是一架会呼吸的机器，

听了就有气。

我们是诗的民族

有人说朗诵诗是国粹，有人说是十足的肉麻。

如果请我评论，我要说："两个都对。"请别说我是两边都不得罪的乡愿，先听我细细分析：

朗诵诗当然是国粹。想想王羲之的《兰亭序》是怎么来的，那是在"诗会"中，大家饮酒作诗时写的。古人拿作诗当游戏，以前甚至有"击鼓催诗"——诗题公布，非但限时完成，而且打鼓催你写，时间愈紧迫、你愈紧张，他鼓打得愈急，结果原先有灵感的，都被急得满头冒汗，写不出来了。

诗作出来之后怎么办？只是张贴出来或大家传阅吗？错了！你还得朗诵。拉着调子吟唱，摇头晃脑地吟咏，等着下面喝彩或"喝倒彩"。

我们是诗的民族，只是除了少数传统诗社，现在的人已经很少

听朗诵诗了。所以那些听不惯的人，是真正不习惯。好比看地方戏曲，觉得索然无味，一句也听不下去的人，常因为看不懂。

好肉麻的朗诵

至于觉得肉麻，也有理。

连我这个以前专教朗诵诗的人都曾经觉得肉麻。

有一回，我把学生朗诵的录音带拿回家听，录音机一开，冒出一句尖而高亢的"冉冉而起东升的朝阳"。

天哪！我的鸡皮疙瘩从头顶一直冒到脚心。暗想，不得了！怪不得有人骂朗诵诗造作，居然连我自己都有这样肉麻的感觉。

可是当我把录音带倒回，由第一句开始听，再听到那句"冉冉而起东升的朝阳"，却又怎么听都觉得对了。

为什么我听第一遍会觉得肉麻？

因为我忘记倒带，变成由录音带的结尾听。朗诵的人的情绪好像飞机起飞，先滑行好长一段距离，等到动力够了才起飞，当我由结尾听，好比没经过滑行，就一下子爬升，当然会摔下来。

也可以说，我的情绪没有经过前面的酝酿，以我的"平静心态"，一下子听到那"激动情怀"，当然会起鸡皮疙瘩。

让大家的情绪起飞

我今天提这件事，是要告诉大家，想说话感人，非常重要的就是要让听众的情绪能跟得上。

有必要时，就算心里急，也得忍着。你要娓娓道来，慢慢营造气氛，就像让听众搭飞机，先好好滑行一段，再跟着你一飞冲天。愈是煽动性的言语，愈是要鼓动情绪、带领风潮地演讲，你得把大家慢慢带起来，千万不能急。

"炒豆"与"画符"

"急"有几种——

一种是我前一节提过的，当条件不成熟、大家注意力不集中的时候，如果你急着说，前面几句大家没听清楚，后面也就失去兴趣或减少了力量。是急！

还有一种急，是你说得太急躁，或讲得太简单，结果大家前面的东西都没搞懂，更不用说后面的了。

相信你一定有这样的经验：你上餐馆，问有什么菜，侍者一路报出菜名，像炒豆似的快，你却一样也没听懂。

又像是你收到朋友的信，要回，但是信封上的地址写得龙飞凤舞，得用猜的。搞不好，就因为那地址不确定，不回了！

为什么餐馆的侍者会"炒豆"，信封上的地址会"画符"？

因为他太熟了，他已经"报过"、"写过"千百次了。

别做一架会呼吸的机器

同样的道理，有些导游为你介绍风景名胜，说得活灵活现、精彩极了！又有些导游，讲同样的东西，却让你觉得像背书，而且流里流气，只有声音没有情绪。

他当然没情绪！因为他放下这批客人，接上那批客人，说的是同样的史实，讲的是同样的笑话，除非他敬业，而且有功力，否则当然容易流露出照本宣科、虚应故事的感觉。更糟的人甚至会表现出不耐烦。

推销员不也一样吗？差的推销员是上门背书给你听。打电话推销的，常让你觉得那是一架会呼吸的机器，听了就有气。

这当中学问还挺大的，请看下一节，听我说个故事吧！

做个冷面笑匠
——用对方最能了解的方式表达

说着说着，发现四周的人已经各自另找主题，
聊别的东西了。

不想这么尴尬，就识相一点，

别碰这类"你有感觉，别人没感觉"的东西。

说个真实的故事给你听。

二十年前，我带一个女学生去美国。

飞机起飞不久，开始送餐，用完餐，机舱的灯光渐渐灭了，好让越洋飞行的乘客睡觉。

黑暗中，女学生突然推我："老师！老师！这飞机上有没有厕所？"

我差点大笑出来，但我忍着，硬是不笑，冷冷地对她说："没有！你得憋着！"才说完，四周好像已经睡着的乘客，居然不约而同地笑起来。

制造出人意料的"笑果"

我后来常忆起这一幕，心想，为什么大家在听到她问"有没有厕所"时不笑，却在我答了之后，一齐忍不住地笑起来？

我也猜，如果我当时答她"少闹笑话了！飞机上当然有厕所"，或是我先笑，恐怕四周观众就算笑，也不会这么爆笑。

笑话常常要冷讲。所谓"冷面笑匠"，真正说笑话的高手，自己反而要"冷面"不笑。因为只有这样才能让人猜不透，而有出人意料的"笑果"。

问题是，许多人讲笑话，还没讲自己先笑，或许刚讲一半，已经笑得说不下去了。

这时候就算他终于忍下来，重新清清楚楚讲一遍，因为他先把"笑意"用掉了，效果也一定会大打折扣。

你的情绪不是别人的情绪

我说这个，是要告诉你，千万不能以自己的"了解"，去想别人的"了解"；用自己的"情绪"，去想别人的"情绪"。

举例来说，当你看完电影，很感动，要说给别人听的时候，你必须先把自己的那份感动压着，慢慢把故事的原委说清楚。

因为戏里的张三李四，你都看过了，有了印象。说的时候，脑海甚至会浮现剧中的影像。可是当你口沫横飞讲得十分激动时，听的人却可能连张三和李四的关系都没搞清楚。

所以我们经常会见到听的人直摇手：

"等一下！等一下！那个张三是什么人哪？还有，李四是怎么跑出来的啊？"

他当然可能搞不清，因为你花两小时看的戏，却想在两分钟说出来，怎么可能清楚？

你家猫狗干我屁事？

还有一种情况，听众的情绪是很难"跟你一同起飞"的。就算你慢慢说，他也跟不上。

那就是当你说"对你有特殊意义，却与他不相干的事"的时候。

你在报纸上一定常会看到《家园版》里的小笑话。那多半是读者投稿，形容小孩有趣的童言童语。问题是，你可能横看竖看都不好笑。

因为那不是你的小孩，你不容易产生共鸣。

同样的道理，你觉得你家的宠物是神猫神狗，说给别人听，也不容易讨好。除非把你与那小动物"结缘"的点点滴滴，一五一十地细细道来，使听众好像跟你一样与那小动物生活多年，他才可能动情。

只是，有谁那么有闲，听你"细说从头"呢？

所以，在许多人交谈的场合，最好少讲这种话题，否则你很可能说着说着，发现四周的人已经各自另找主题，聊别的东西了。

不想这么尴尬，就识相一点，别碰这类"你有感觉，别人没感觉"的东西。

少用别人不懂的词汇

想要别人有感觉，语言也非常重要。语言可以是普通话、台湾方言、粤语、英语、法语，或你的词汇用语。

我发现有件很妙的事，就是只要注意一个人用的词语，就往往可以猜出他大约什么年岁。

这并不是因为年岁大用词语就深，而是由于以前台湾地区都用统一的课本，那课文每几年会换一次，有些文章，像《岳阳楼记》《桃花源记》虽然年年都会编入，但又有些文章，像《滕王阁序》《爱莲说》则可能上一版有，这一版没有。

所以，很可能那些读过《爱莲说》的人，动不动就讲"可远观而不可亵玩"；背过《滕王阁序》的人，突然会冒出一句"时运不济，命途多舛"；念过《与吴质书》的人，喜欢用"动见观瞻"；中学默写过《岳阳楼记》的人，爱说"政通人和"。

那都是多文的词句啊！他为什么能用得十分习惯？

因为那是他在课本上学的，太熟了。

问题是他习惯，别人不一定习惯。同样的道理，你以为"命途多舛"这个从《滕王阁序》里学到的词很简单，那些没念过《滕王阁序》的人都能听懂吗？只怕他们懂了，却误以为"命途多舛（chuǎn）"是一辈子气喘。

了解了这个道理，除非你确定听众的程度跟你接近、与你"同行"或跟你"同一届"，否则最好避免不通俗的词语，有时候你甚至得把自己最习惯的"专有名词"改成一般人听得懂的东西；如果非用"外文"不可，也得记得加个翻译。

否则，别人"有听没有懂"，怎么可能"心动"？

"老虎"面前说话

——见人说人话、见鬼说鬼话的道理

"螳螂捕蝉，黄雀在后"，

"鹬蚌相争，渔翁得利"……

这些故事都是怎么来的？

都是那些会在"老虎"面前说话的聪明人编的啊！

有位美国牧师对我说，他每个礼拜天都累死了，因为不但早上讲一场道，下午还得赶到另一个教会再讲一场。

我问他，不是讲一样的东西吗？

他说，没错！可是因为两个地区的人不一样，同样的题目得用不同的讲法，搞混就麻烦了。譬如有一回，他早上在贫民区的教会讲到他的小孩跟他说"人是猴子变的，不是上帝造的"，他就对儿子说："好哇！以后你可以找猴子去要零花钱。"下面的教友立刻笑了，觉得他真会说话。可是当他下午到另一个教区，讲同样的东西，散会之后却有好多教友过去说他比喻得不妥当、太幼稚，应该谈"上帝设计论"，才有道理，也才能服人。

有位政治家（也称得上政客）对我也作过同样的抱怨，说他怎么说话都有人不满意。同样一段即兴的演讲，电视播出来，有人赞美他真机智、真聪明，居然能有那样幽默的反应；另外一批人却把他骂死，说他是引喻失义、口不择言、幼稚可笑，丢尽了大家的脸。

《读者文摘》为什么能畅销全球？

有个出版社的主编对我说：

"一本书的畅销与否很难说，可能靠宣传，也可能靠运气。但是有一种书，翻两页就知道不会畅销，就是那些用复杂的文法和艰深词句的作品。"他强调，"学问好的读者毕竟是少数，多半的读者是

普通大众。你去看看《读者文摘》，为什么在全世界都畅销？很简单，他们摘取长篇大论的文章，让它变得好读，而且不信你算算《读者文摘》用的字，一共才多少？他们都用人人能懂的字，加上内容精彩，当然容易引起大家的共鸣，也当然容易畅销。"

马屁不要拍在马腿上

我也有个亲历的惨痛经验。

当我在电视台当记者的时候，有一天赴某纪念馆馆长的邀宴。那纪念馆原来已经破旧不堪，自从新馆长上任，大力整顿，居然全面改观。

我在席间特别为此捧了馆长一下，一边敬酒一边说："你来了××馆，真是'生死人而肉白骨'。"

这句话是我在小学课本里学的，意思是起死回生，"使死人能活过来，白骨重新长出肉"。

哪晓得事后馆长居然对别的记者抱怨我，为什么把他形容得那么不堪！

我问那记者朋友有没有帮我解说"生死人而肉白骨"的意思。

记者朋友笑道："我不好意思说，因为馆长连那么简单的东西都听不懂，说了，只怕他无地自容。"

选择最好的陈述方法

我举以上这些例子，就是要再一次强调：希望说话动人，先得看看听众是谁，他的教育水平如何，甚至他的政治立场怎样。你不能对知识程度差的听众讲谠言宏论，也不宜对高知识分子举太庸俗的例子。你在不确定对方听得懂的情况下，甚至不能使用太少见的成语和形容词。

所以，一个说话人或演说者，最好先私下了解到场听众的背景，再决定说话的方式。

碰上各类人都有的大场面或现场有转播的情况，应该学《读者文摘》，把最精彩的用最简单的方式说出来。

你要透过听众懂的东西去推销他们不懂的东西，不能用他们不懂的东西去推销，否则他们更不懂。

碰到一些有敌意的听众，你不能直说，而要旁敲侧击，譬如说个故事，用那个故事来暗示。看对方似乎接受了，再进一步说服他。

你数数！历史上许多名臣、名士、名嘴、策士，管他老子、庄子、孔子、孟子、列子、韩非子，不是个个都懂得怎么在"老虎"面前说道理吗？

你想想！"螳螂捕蝉，黄雀在后"，"鹬蚌相争，渔翁得利"……这些故事都是怎么来的？

都是那些会在"老虎"面前说话的聪明人编的啊！

你咬什么耳朵？
——怎样避免别人疑心？

你没选对地方，
她原来要嫁给你，也可能不点头了，
再不然会一皱眉：
"干什么吗，为什么现在问我这个问题？"

许多对夫妻聚餐，为了说话喝酒方便，因为人多，都是男人一桌、女人一桌，两桌各谈各的，互不干涉。但是女人们一边聊天，却可能一边竖着耳朵，彼此小声猜道："瞧！隔壁那桌臭男生，不知谈什么歪事、出什么坏点子了！"

你会在大排档吃饭的时候求婚吗？

你知道我为什么说这个吗？

因为我发现许多人说话忘了注意对象，而且说话不选场合，有时候甚至因此惹麻烦。

道理很简单:

想想,如果你今天要跟朋友商量一件重要的事,这事得花时间细细讨论,你会选吃饭的时候说吗?

抑或你会先吃饭,吃完再找个安静的地方聊?

就算你非在吃饭的时候说不可,你会在大家一起吃饭的时候"咬耳朵",还是私下约个地方边吃边谈?

还有,如果你恋爱长跑了很久,终于要求婚了,你会找个大排档、高朋满座的餐馆,还是选个有柔柔音乐、温温烛光的西餐厅?

就算到了那个餐厅,你会选靠门口的位子,还是特别找个比较不会被打扰的角落?

告诉你,场合太重要了!你没选对地方,她原来要嫁给你,也可能不点头了,再不然会一皱眉:"干什么嘛,为什么现在问我这个问题?"

不识时务当然自讨没趣

说话的场合跟说话的效果有绝对的关系。

你经常会看到,有人借喜宴、寿宴的机会请托事情,有时老远举着杯过来,扒着肩膀谈,甚至蹲在旁边咬耳朵。

才谈一半,新人来敬酒了!主婚人来敬酒了!朋友部属来敬酒了!

他拜托的人,八成有头有脸、有点身份,当然来敬酒的人多。

他的话能说得清楚吗?只怕才起个头,就被打断,继续说两句,又被打断。最后,对方一挥手:"听不清!改天再说吧!"他不是自讨无趣,甚至自取其辱吗?

你咬耳朵他疑心

更麻烦的是,如同我在这篇文章一开头说的故事,当地方嘈杂的时候,非但说话的人彼此听不清楚,而且那些相关的人和爱疑心的人也听不清楚,事情就"大条"了!

举个真实的例子——

我有位研究所的老教授，年纪不轻，还神采奕奕、风度翩翩。

有一天，我们一起出席学校的餐会，我和老教授邻座，对面是师母和我太太。

餐会有乐队，还有跳舞，十分喧哗，隔着桌子没办法交谈，只能跟邻座大声说话。

我与老教授许久不见，那天聊了不少，十分尽兴。

散会时，我和太太陪教授夫妇走到门口，师母突然问我："你们刚才聊些什么啊？好像挺高兴。"

我就开玩笑地说："教授说他下个月要回台北，问我有什么好玩的，我说我正好要回去，可以带老师一起出去野一野。"

隔两个礼拜，我在校园里遇到老教授，问他什么时候动身。

老教授居然脸一沉："都是你害的，我回不去了！"

我不懂。

"你师母不让我回去了，说我们两个会搞鬼，那天餐会我们都在商量怎么出去野。"

我说："可是我们根本都在谈艺术收藏啊！"

老教授更气了："我们是在谈收藏，可是你师母不这么认为啊！"

谈话时不可冷落别人

请回头想想，在很喧闹的餐桌上，你是不是也经验过这种情况——

只见对面的人咬耳朵，你好奇，却使尽力量也听不清，搞不好，咬耳朵的人还转头瞟你一眼，你就更疑心了。

还有，当你跟身旁的人有说有笑的时候，是不是有人会拉着嗓子问："你们在说什么啊？"

记住！你成立"谈话小组"，就是把别人排拒在外。尤其是当一桌人成立两三组，另两组已经不再讲话，你这小组还叽叽喳喳说个不停的时候，就是不礼貌。

遇到这种情况，你应该将声音加大，把别人拉进谈话圈。再不然，你就应该立刻"解散小组"，转身"顾全大局"。

小心背黑锅

此外，当你发现地方吵，听不见你们说话的人好奇或可能多心的时候，你甚至应该主动拉大嗓门，或探身过去，提示一下，告诉他你们正在说什么，对方一定会因此觉得你这个人细腻体贴。

至于碰上真有"疑心病"的人或"醋坛子"，我奉劝你，除非句句话都让他听到，否则最好什么也别说，免得——背黑锅。

醉翁之意不在酒

笑引子

梁实秋的幽默

不知道你有没有读过梁实秋的《雅舍小品》。

梁实秋不愧是散文大师，看他的文章，不但能见到他博古通今、西学中用的功力，更常常"惊艳"于他逆向思考的幽默。

譬如谈到孩子。

他劈头就说："我一向不信孩子是未来世界的主人翁。"

你正惊讶，他又补一句：

"因为我亲见孩子到处在做现在的主人翁。"

两句话，把孩子称王的现象全形容了。

又譬如他谈到节俭：

"晚上开了灯，怕费电；关了灯，又怕费开关。"

短短两句话，把抗战时期的穷困和那时科技水平差、电灯开关容易坏的情况，全幽默地表现出来。

还有，当他谈到教书先生打麻将的时候，就更幽默得"精简"了——

"黑板里来，白板里去。"

短短八个字，把教师辛辛苦苦在黑板粉笔灰间赚钱，又两三下从"红中"、"白板"里输掉，表现得既生动又讽刺。

"晨更鸡"与"夜猫子"

梁实秋写文章幽默,平常讲话也如此。

他跟韩菁清结婚之后,两个人生活习惯完全不同,二人分房睡。梁实秋每天清晨四点起床,五点写作,晚上八点就睡了。韩菁清恰恰相反,不过中午不起,夜里总要到两三点才睡。

"这样也好,"梁实秋对我说,"她早上不起,正好给我安静,专心写作。我晚上睡得早,正好她得到自由,可以跟她那群夜猫子朋友去吃消夜。"

"如果她的朋友要请您一块儿去吃消夜,怎么办?"有一天,我开玩笑地问他。

"那简单!"梁实秋一笑,"他们请我吃消夜,我就请他们吃早点。"

爱与不爱

又有一回,一群人聊天,谈到一个朋友最近失恋了,因为她的男朋友移情别恋。

"她失去了一个她爱的男人,她的男人找到一个真爱的女人,她真可怜!"有人说。

"不!"梁实秋手一挥,"应该说,她失去的是一个不爱她的男人,那男人失去了一个真爱他的女人。"

笑点子

逆转式的幽默

梁实秋先生所用的这些幽默,就是"逆转式"的。

逆转式的幽默,需要逆向思考。如同"孩子是未来世界的主人翁",你逆向思考,先否定了那个句子,再转回来,说"孩子在做现在的主人翁"。

"开灯怕费电",你立刻逆转为"关灯怕费开关"。

"朋友请你吃消夜怎么办?"你不要正面作答,立刻反过来想,"那些夜猫子早上都得睡觉,我就报复他们,请他们吃早点。"

至于谈失恋,就更是逆转式思考的典范了,因为明明原来是个负面的想法:

"那女人既失去她爱的男人,相反那个男人反而找到个他爱的女人,真是太亏、太不公平了。"

经过逆转式的思考,却成为:

"那女人失去的只是一个不爱她的男人,那男人失去的却是一个深爱他的女人。真正损失的是那个男人哪!"

信手拈来的幽默

逆转式的思考,常能表现大智慧,带来大启发,所以这种幽默常是高格调的。又因为它是根据原来的正向思考,改为逆向思考,所以也比较容易引导出来,显得顺理成章。

最高级的幽默,必然是顺理成章,好像信手拈来,却能引人会心一笑的。但是因为它非常难,往往要有特殊的机智,又经过长久训练,才能发挥,所以如果你是初学,最好由最简单的"逆转式的句子"开始,且最好把以下这些现成句子都背下来,马上就能派上用场。

笑例子

一、今之女德

有人说:"女子无才便是德。"

你说:"不对!今天应该讲'女子无德便是财'。"

二、女人可爱

有人说："美丽的女人都可爱。"

你说："不对！应该是可爱的女人都美丽。"

三、为谁服务

你丈夫参加选举，输了。

胜选者的老婆出来谢票："谢谢大家使我丈夫当选，让他为大家服务。"

你也出来谢票："谢谢大家使我丈夫落选，让他为我服务。"

四、天使与魔鬼

某人问："听说那女生是'天使面孔，魔鬼身材'。"

你笑笑说："差不多，只差一点点，是'天使身材，魔鬼面孔'。"

五、直销的口号

某人对你吹嘘他的直销商品：

"我不是要你买，是好东西与好朋友分享。"

你故意重复他的句子，但是改动一点：

"我知道！我知道！是好朋友与好东西分享。"

六、醉翁之意

一群朋友饮酒，有人笑你："只怕你是醉翁之意不在酒，是对旁边的小姐感兴趣。"

那小姐则说："你们别想歪了，我可是'醉酒之意不在翁'。"

你则回道："随便你们怎么说，我是'醉酒之翁不在意'。"

七、人无远虑

有人感叹地说："真是人无远虑，必有近忧啊！看看！最近有这么多烦心的事。"

你则安慰他："哎呀！应该讲是'人无近忧，必有远虑'，你看，你太太好、孩子好、家好，自己身体也棒，身边没什么好操心，反而往远处想太多了。"

八、只要你给我

电视上漂亮的新闻女主播说："你给我三十分钟，我给你全世界。"

你马上喊："我愿意给你全世界，只要你给我三十分钟。"

九、群雄并起

有人说现在政局混乱，真是"天下大乱，群雄并起"，你则可以翻过来讲：

"只怕是因为群雄并起，所以天下大乱吧！"

又有人说："现在什么都讲关系，有关系就没关系。"

你则把话转一转，笑道："相反的，没关系就有关系！"

十、君子坦荡荡

有人说他最近应酬多，又缺乏运动，所以胖了五公斤。

你就安慰他："孔子不是说了吗，君子不重则不威！"

有人怪你在公开场合打赤膊，你也引孔子的话：

"孔子早讲'君子坦荡荡'啊！"

十一、散童才子

有个号称才子的朋友，未婚，交了一堆女朋友，据说还生了好几个孩子。

有人笑称他那点薪水全给了女朋友，真是"散财童子"。你则笑称："只怕是'散童才子'啊！"

十二、女人不坏

有人说:"男人不坏,女人不爱。"

你接一句:"只怕应该反过来说——'女人不坏,男人不爱'。"

笑点子

应该背下来的笑点子

好!我在这儿举了十二个例子,如果你是幽默的初学者,我建议你把它们都背下来。今天跟朋友聊天,就试着用上去,保险你能把大家逗得大笑。

而且你可以顺着这条路,碰到任何一个句子,都试着用逆转式的思维。凡事都有两面,你会发现当你从另一个角度思考时,常能有不一样的领悟,产生惊人的智慧。

更妙的是,逆转思考使你可以把负面的事看成正面,如同落选的人虽然不能为大家服务,却更有时间照顾家,为家服务。

小侯成功记

"怎么样，血压稳定了吧？"庞总拉着曾经理的手，"好好养病，别为办公室操心。"

刚说完，庞总又笑了："唉！说不要你操心，昨天才麻烦你，真是罪过。"

"麻烦我？"曾经理不太懂。

"是啊！昨天发给加州的那封信，不是小侯过来请你写的吗？不好意思，不好意思！这么点儿事，你生病，还打扰你。"

曾经理更不懂了，露出满脸疑惑的表情。

"对不起，是我不对。"站在门口的小侯过去，嗫嗫嚅嚅地说，"我昨天来医院，看见曾经理睡得正熟，不敢叫醒他，就自己动手写了。拿给庞总看，说没问题，我就没讲。"

"你写的？"庞总和曾经理一起瞪大眼睛，"你怎么会写？"

"我在中学就最喜欢英文，昨天参考公司里以前的商业书信，发现只要改动一点点就成了。"

"写得很好哇！"庞总叫了起来，"我还真以为是老曾写的呢！"回头看曾经理，"你看！看不出这小子，能有这程度，真是长江后浪推前浪啊！"说完，两个人都大笑了起来。

小侯果然是长江后浪推前浪，曾经理养病的这段时间，庞总像是存心考考他，不但业务部的英文书信交给他，连庞总自己和美国朋友的应酬信也交给了小侯。

"小侯真不错，你怎么找到他的？"庞总这天又去医院探视曾

经理。

"哎！我家装修，他是装修工人，打下手，点点货啦，运运材料啦！我发现他挺利落，正缺人，就把他找来了。"

"你可真有眼光。"庞总拍拍曾经理，"改天你病好，如果忙得过来，我要跟你借调这个年轻人，我很欣赏他！"

⊙

曾经理终于出院了，到公司的第一天就把小侯找进去：

"你这阵子表现得不错，庞总认为你是可造之才，就是学历差点，不够专业。"递给小侯一份资料，"这儿有个企管训练班，你可以去进修一下。"

"进修?"小侯接过资料，有点犹豫，"好像很贵吧！"

"不用操心钱，我给你出！"

曾经理掏出支票。

⊙

庞总走进业务部，东张西望了半天，再推门进到曾经理的办公室：

"哎，小侯呢?"

"请长假。"

"请假?"

"是啊！他觉得专业知识不够，进修去了。"

"哎呀！只要肯努力，在我们这儿不是一样进修吗？还更实在呢！"

"他肯上进，我也不能拦着啊！"曾经理摊摊手。

"说得也是！说得也是！"庞总直点头，"我看哪！这小子有能力，有魄力，而且细心，将来不简单。"抬头问，"他什么时候回来?"

“大概半年吧！”

“好！回来就叫他到我办公室报到。”

⊙

转眼，企管班就结业了，小侯在三百多位学员当中拿了个第一名。

结业式，曾经理也去了，还与小侯照了相，许多同学都来跟曾经理打招呼：

“像您这样的经理，自己出钱叫员工进修，真是太伟大了。”小侯的同学说，“我们真羡慕死他了！”

结业式后，曾经理还特别请小侯到一家有名的西餐厅，吃大餐庆祝。

“什么时候回来上班哪？”曾经理一边抹奶油，一边问。

“明天就报到！”小侯兴奋地说。

“好极了！不过你知道，你是我提拔的，如果庞总把你调走，去他办公室，我在业务部的面子就挂不住了。”曾经理叹口气，“而且我跟老庞这么多年，最了解他，也最了解这个公司。表面看他这个人嘻嘻哈哈，其实不用人才，用奴才，我希望你看在我栽培你的分上，坚持留在业务部。”

“那当然！”小侯放下手里的汤匙，坐挺了回答，“我当然向您效忠。”

⊙

“我有困难！”小侯果然斩钉截铁地对庞总说。

“困难？老曾不放你上来？”庞总的脸拉长了，“你知道我是要提拔你吗？”

小侯半天没说话，最后挤出一句，“曾经理没有不叫我上来，他很爱护我。”

"我难道不爱护你吗?"庞总大声问,"你知道我已经私下为你作了安排吗?"

从总经理室才出来,小侯就去向曾经理报告:

"我坚持不上去。"

"年轻人,够义气。"曾经理拍拍他,接着电话响,老庞叫曾经理上去。

又隔一阵,曾经理铁青着脸回来了,把小侯找进去:

"为你的事,庞总很不高兴,把我和你都臭骂一顿。"沉吟了一下,走到小侯身边,"我看,得罪了他,没好事。我老了,只好留下来过一天是一天,你有才能,又年轻……"

⊙

小侯居然辞职不干了。

为此庞总经理很不高兴了一阵子,每次碰到曾经理,都问:"你跟小侯说了吗?我安排他做特别助理,加薪一倍,而且过两年就……"

"我当然说了。"曾经理也陪着叹气,"不过啊,人各有志,这小猴子志气可大了,恐怕是看不上咱们公司哟!您那么请他,他都不答应,不是太不识抬举了吗?"

⊙

转眼,十年过去了。

庞总退休,曾经理升上去,成了曾总。

上任不久,曾总就把办公室重新装潢,全用最好的材料,却只花了市价的一半。

为此,董事会特别赞美了曾总,觉得老曾真不简单,连建筑装潢界都罩得住。

老曾当然罩得住!

那位有名的侯设计师，十年来总跟老曾走动，处处说自己是曾先生提拔的，使他能由个打杂的小工成为企管的专家，又能一步一步往上爬。

"幸亏我听曾总的，没留在庞总的身边做奴才，不然怎么能有今天？"侯设计师每次视察工程进度，都跟公司新进的职员们说，"曾总真是好人，真是我的贵人哪！"

你不可不知的人性

老曾真是小侯的贵人吗？

当然！要不是他教小侯别去跟庞总，而自己出去打天下，小侯后来怎么能成装潢界的名人呢？

但老曾真是好人吗？

那可就是开玩笑了。

老曾不但不是好人，还是超级的奸人，你说他的段数高不高？

他能先把小侯调开，出钱让小侯去进修，使小侯没机会多跟庞总接触，再利用年轻人的"血气""义气"，要小侯别上庞总的"当"，别去为庞总做"奴才"。

问题是，庞总真要小侯去做奴才吗？还是他想特别提拔这个年轻人？

如果小侯真去跟了庞总，只怕今天升上去做总经理的不会是老曾，而是小侯啊！

⊙

老曾为什么会"设计"小侯，小侯不是他提拔进公司的吗？

很简单！因为他也识才，看得出小侯有过人的才干。只是，他把小侯带进公司，是要用小侯做奴才，而不是要小侯去抢他的风头。

愈无才的人愈会忌才，他唯恐别人的学历比他好。老曾看小侯只有高中毕业，学历不高，不成威胁，所以用他。

偏偏小侯不是池中物，老曾生病，小侯居然小试身手，就让庞总眼睛一亮。

庞总当着老曾的面赞美小侯，能不让老曾心惊吗？

什么？这小子居然已经能写英文的商业书信，还帮老总写应酬的外文信函，加上他年轻、有冲力，他要是爬上去，将来能不站到我头上吗？于是他"设计"，改变了小侯的整个命运。

⊙

可悲的是，小侯被卖了却不知觉，他居然说老曾是好人，只怕至今还一直想：庞总真是浑蛋，他想利用我，去当他的小使唤。

这世界上多少年轻人，就因为少不更事而被卖了。

这世界上又有多少好人，好心没好报，他想造就的那个人还可能一辈子误会他。

如果你是庞总，你用老曾这样的人之前，能不好好考虑考虑吗？

如果你是一国的领导者，你又能用像老曾那样"蒙上欺下"的人吗？

那种人不但会毁掉下面的人才，而且可能是把你送上断头台的人。

有一天，你上了断头台，下面"观礼"（看行刑）的群众，非但不知道你是好人，反而会喝彩叫好。

他们认为他们悲惨的命运是你造成的，天理昭昭，你终于"伏法"了。

事实是谁造成的？

是那与你一起打天下、就站在你身边的那个人造成的啊！

你死了，他脱身了，他甚至上台继任，成为万民拥戴的"明主"。

这世界就是如此，许多事情都不明不白地落幕了。悲剧的主角不知道，悲剧的观众不知道，只有那导演与编剧在偷笑。

⊙

小侯最早被老曾提拔，然后光芒渐渐压过了老曾。老曾以"上一辈"，排斥了他所造就的人。

你或许要问：既是他造就的，为什么他还要排斥，这不是太矛盾了吗？

告诉你，这一点也不矛盾，这是人性！

今天你是围棋国手，有个条件不错的孩子常来向你请教，你也就教教他。

渐渐地，他愈下愈好，你由随便应付到"授五子""授三子"，最后非但不能让他，而且常输给他。

你会怎么想？

如果境界高，你会想"长江后浪推前浪，一代新人换旧人"，退而让贤，努力帮助这个后起之秀，由他取代你。

如果你心胸狭窄，只怕你明明知道有好的比赛、好的棋谱，也不会告诉他。

你开始排斥他。

⊙

何止人性如此，连植物都一样。

桃子多软、多好吃，但是那桃核多硬啊！

它为什么长那么好吃的果肉，又长那么硬的桃核？

因为它希望动物吃那果肉，再把桃核扔掉，使它的下一代能繁衍，能扩散到远方。

每一种生物，基本上都希望它的下一代能延续。但是，每一种生物也都有个矛盾，就是希望它的下一代别跟它争地盘。

所以，许多树，像桉树、黑胡桃树和山毛榉，它们会分泌毒素，使附近别的树无法生长，甚至包括它自己的下一代。

⊙

你看过记录狮子生活的影片吗？

雄狮在孩子还小的时候，会跟孩子一起玩。

但是当小雄狮长大了，雄狮就开始排斥它。

那些小雄狮，不得不离开"爸爸的地盘"，自己去寻发展。它们在自己地盘的四周撒尿，向所有的狮群宣告（包括它们的父亲）："我长大了，这是我的国土，你们不得随便侵入。"

⊙

人毕竟是人。绝大多数的父母会让着孩子，造就自己的下一代。

但是朋友、同事之间，就不一样了。

今天你小，我让着你，认为你是后进，所以教你、带你。但是，当你的羽翼渐丰、爪牙渐利，我还能让你吗？

所以"让"这件事，通常发生在实力悬殊的情况下。当实力愈来愈接近，"让"就变为"竞争"，变成"战斗"。

同样的道理，你以为周遭与你实力相当的人真会捧你吗？

错了！正因为他们与你相差不远，除非你与他利益挂钩、相互吹捧，否则他们必定与你暗中较劲。

你又以为那过去一直提携你的领导会永远照顾你吗？

也错了！除非你一直把姿势放低，不给他一点点威胁，否则当你长大了，他就如同雄狮一样，开始对你龇牙。

⊙

于是你发现，当一个资深学者去申请学术奖金，那奖金的审查委员可能都是他同辈的人。他们在开评审会议时，可能彼此笑道："某人真是的！他何必来跟年轻人争？我们不必锦上添花了。"

于是那奖金落在了晚一辈学者的口袋里。

论成就，那资深学者理当得奖，为什么这些同辈的评审不给他呢？

道理很简单——

远交近攻嘛！

晚辈比这些评审差得远，给他这个奖，他也不至于"坐大"。

但是那位资深的学者就算了吧！我们给他，使他又多个得奖的资历，不是把我们都要比下去了吗？

话说回来，今天那个得奖的年轻人，如果声誉日隆，改天再去申请，又碰上同一批评审，他还能得奖吗？

⊙

人性是矛盾的。他一方面"好为人师"，会教那些不如他的人，但是，当那些人"大了"之后，他又会"容不得人"，而去排斥。

殖民者会去教那些知识未开的土著，为他们办学校，送他们去留学。

但是当有一天，那些被教育的土著下一代，有了自己的思想，有了自己的主张……殖民统治者就会排斥他们，把他们关进监牢或偷偷枪毙。

你不能没有的谅解

多么可怕的人性啊！

但是如我所说，它是天地间当然存在的一种道理，植物有，野兽有，人也有。

了解了这点，如果你希望一直被你的领导爱护，你就应该总把他放在第一位，你必须常常暗示他：你绝对效忠，不会取他而代之。

当你发现自己的脚，怎么躲，都不得不踩到他脚趾的时候，如果不是他走或你离开，你就最好准备迎战。

⊙

如果你是领导者，你最好分层负责，自己绝不往下越级，接触任何属下的属下。

你不可与那些"小子"私下吃饭，更避免当着他的上级的面赞美他们。

他的上级愈是饭桶，你愈要小心。否则你才赞美不久，就会发现他的上级来对你说他的坏话；再过不久，那个小子就会递上辞呈。

你愈赞美他，他可能滚得愈快。

⊙

如果你是新进人员，你的顶头上司、直属上级与你又在同一个办公室。

当下班时间到了，直属上级要走了，而顶头上司还在的时候，你最好跟直属上级一起下班，别留在办公室。

否则，你的直属上级难免会想，这小子会不会跟"老大"接触，攀交情、打小报告？

至少，你总是加班，对比之下，显得你的直属上级不如你努力。

你最好少表现，除非你有个有实力，有才能，又有心胸的上级或了不得的后台。

⊙

如果你已经人生过半，更该回头想想，那些你过去痛恨的人，是不是真值得恨？会不会因为你被人设计而误会了他？

如果你被设计、被排斥，后来却成功了，就别再去恨任何人了吧！因为那是人性啊！

因为贵人未必是好人，贵人常是欺负你、逼你成功的人哪！

既然他是你的贵人，你又何必恨他呢？

收放自如

⊙

一声还是四声
——怎样选择响亮的声调

你有没有在武侠小说里读到一种超高的武学——传音入密？就是武林高手聚集真气，对着特定的人说话，旁边的人完全听不到。

我不知道世间是不是真有这种功夫，只知道在喧哗的场合，那种音调尖锐、音色浑厚和嗓门特大的人，声音传得特别远。

你不见在那"立法院"中，有几位女"立委"，吵起架来像开机关枪，男士都招架不住吗？

你不见在竞选台子上，有几位中气特别浑厚的，拉长了声音，特别具有震撼力吗？

你不见在广播电视节目中，有几位广播出身的名嘴，声音特别有共鸣、有磁性吗？

前面说的这些，都包含在声音的四大要素之中，也就是——

音高、音势、音长和音质。"音高"是指声音的高低；"音势"是讲音量的强弱；"音长"是说声音的长短；"音质"是指声音的品质（也就是"音色"）。

声音可以塑造

你不要以为声音全是天生的，改不了；也不要以为会讲话、能

成演说家的人一定要说普通话。其实，那多半可以后天塑造。

很简单！如果你参加合唱团（尤其是业余的）就知道，团里分成女高音、女中音、男高音、男低音。但是往往其中一个声部的人不够，指挥就在一个个试音的时候对其中几位说："没错！你可以唱高音，但是中音的人太少了，拜托拜托！你就唱中音吧！"至于男团员，如果声音不高不低，低音部又缺人，指挥也可能要那男生把声音放低沉一点，成为低音。

还有，你看那模仿秀，原来中性声音的人，一下子把声音压扁，一下子把声音放低，又一下子拉高拉长。

连唱歌都如此，蔡琴的声音多厚啊！邓丽君的歌喉多柔啊！有几位歌星原来声音不那样，却能装得惟妙惟肖，甚至让你觉得他既然有那么好的声音，何不永远装下去，做个"分身"算了！

找出你弹性的"音域"

所以，如果你觉得自己的声音不够好，你可以练！

首先，你可以试着把同一句话，譬如"风调雨顺"，用不一样的声音说一遍。先沉下来，用低音，再一次一次渐渐拉高。

你也可以先用粗浊的音色说，再改成尖细的调子.

于是，你找出了自己的"音域"，也就是"你有多大发挥的空间和多大的可塑性"。

"四声"的四种特质

其次，你知道我为什么举"风调雨顺"做例子吗？

因为那四个字，是由一声、二声、三声和四声构成的。

汉语的音很妙，它分为四声，第一声（平）最高，第二声（扬）其次，第三声（转）又其次，第四声（下）最沉。所以，"风调雨顺"，你一路念下来，一定会像溜滑梯似的，由高而低。

看到这儿，你或许会怨："刘老师，我没有要学语音学，你写得太深了。"

别急啊！你要知道这四声跟你生活有非常大的关系，最起码你给小孩起名字，或为自己改名，都得用上。

你知道古代的"燕国"，那"燕"是读"yàn"，还是"yān"吗？

你知道姓"共"的人，那"共"要读"gòng"还是"gōng"吗？

告诉你，那多半时间都念第四声的"燕、共"，在这儿都得念第一声。至于"应"、"曲"、"查"、"莞"，用在姓的时候，也都得念第一声。因为第一声比较响亮。同样的道理，"正月"因为是一年的第一个月，所以"正"不念"zhèng"，而念"zhēng"。

好！现在你再看看以下这些你熟悉的对联：

> 天增岁月人增寿
> 春满乾坤福满门

> 松竹梅岁寒三友
> 桃李杏春风一家

> 生意兴隆通四海
> 财源茂盛达三江

如果你把那两句互换成为：

> 春满乾坤福满门
> 天增岁月人增寿

> 桃李杏春风一家
> 松竹梅岁寒三友

财源茂盛达三江

生意兴隆通四海

前后比一比，哪个好？为什么原先觉得很完整、很有力、很有味的句子，一反过来就弱多了，而且给人没结束的感觉？

你再找一本《唐诗三百首》来看，注意一下"五言律诗"和"七言律诗"。是不是几乎每一首，最后一个字都是一声或二声的"平声"？

跟前面对联的道理一样——因为平声比较响亮，作为结尾，显得更完整，而且有"余韵"。

你或许要问我为什么谈这个，答案是：因为它跟你取名字、讲题，甚至说话时对节奏的掌握都有关。

举个例子——

如果你应邀演讲，有《活出闪亮的一辈子》与《活出闪亮的人生》这两个题目，你希望那题目说出来响亮而有精神，你会选哪一个？

当然是《活出闪亮的人生》。因为"一辈子"是"往下"的，"人生"是"往上"的。你用同样的气力与音色，无论怎么讲，"人生"必定比"一辈子"来得响亮。

优美的感伤

再举个例子——

"听说这件事，我有点伤感"，"听说这件事，我有点感伤"。

乍看两句一样，但是，"伤感"的感是第三声，而"感伤"的伤是第一声。"伤感"给人的感觉是受到了伤害，"感伤"的感觉则是有了很多感触。而且当你说的时候，"伤感"有"叹"的感觉，"感伤"有"咏"的感觉。

不信你现在自己试试看，两句各念一遍，是不是感觉不一样，而且音调高低也不同？甚至可以说，"感伤"比"伤感"来得美。

请别怪我吹毛求疵，要知道，偷偷说到心深处，常常赢在小地方，而且古人早就有这些讲究。

不信？请想——

"发愤图强"和"奋发向上"，"发愤"和"奋发"不是一样吗？为什么要用不一样的"愤"与"奋"？

因为"发愤"常有愤懑，"奋发"表示"奋起"。"发愤"的"愤"是第四声，表现得比较沉，"奋发"的"发"是第一声，表现得"飞扬"。

把下面四句各说一遍：

"发愤图强!"

"奋发向上!"

"发愤!"

"奋发!"

是不是不一样？

取个响亮的名字

好！现在说不定你已经对"平声"与"仄声"的"亮度"有了一点概念。那么，我请问你，如果你要制作个节目，或办个活动，有两个名字供你选——

天天开心
日日得意

你选哪一个？

还有，如果你作一场演讲，有两个题目供你选——

人生的哀愁与美丽
人生的美丽与哀愁

你选哪一个？

请记住，在说不出的地方下工夫，才能给人说不出的好感觉。

赢，常常赢在那么一点点。

⊙

由声音看出身
——控制音量的道理

我以前在成功岭服兵役的时候，因为夜里跟邻床的朋友说悄悄话，好几次被班长吼出去罚站。

这全怪我那朋友，因为非常小声地对他说"痱子粉借我一下"，他只要把痱子粉递过来就成了，他却要答："好！"

你这一"好"，就不好了。因为他声音太大，立刻被下面巡房的班长听到。

还有两次，他没听清楚我说什么，回问："你说什么？"就更麻烦了。只怕他那句话，全连的人都听到，我们能不被叫下去罚站吗？

天生大声公

我后来常想，那朋友是天生嗓门大，还是因为听力差，又或是因为习惯大声讲话？为什么他从来不会说"悄悄话"？

想来想去，答案是："都有可能。"

先谈谈天生的大嗓门吧！

如果你常跟各色人种相处，会发现一般来说黑人的声音比较大，也比较浑厚。正因为如此，黑人歌星的声音多半比白人响亮。

这是因为他们的口腔较大，好比乐器的共鸣箱愈大，声音愈大，也愈厚。

黑人的确口腔大，不信你从侧面比较黑人和白人，黑人从后脑勺到前面牙齿的距离八成比白人大。说得好笑一点，黑人咬一口西瓜，恐怕有白人一口半的量。

你再想想，那些声乐家，就算是白人、黄种人，是不是也往往脖子比一般人粗？

帕瓦罗蒂、多明戈和卡雷拉斯三大男高音，哪个脖子不粗？他们甚至粗到头和脖子好像一条线下来。

所以想要声音洪亮，就算你天生薄弱，也可以像歌唱家一样，靠后天的练习改善。

由关车门、拧龙头说起

再谈谈后天的"音量"。

请先听我说个故事：

三十年前，我刚到美国，常在关车门的时候把老美吓一跳，用惊讶的眼神盯着我看，猜我有什么不高兴。

我发现了这点，慢慢改，终于把手劲改小了。后来，反而刚由中国来美国的朋友关车门会吓我一跳。

后来我搞懂了——

因为三十年前台湾地区的经济还不发达，许多车子很破烂，发生过车门没关好，把乘客摔出去轧死的惨剧，所以上车之后，大家都狠狠地把门关紧，我也不例外地养成那种习惯。

同样的道理，早期的人关水龙头也特别用力。因为那时的水龙头做得差，里面的橡皮又不耐用，不用力会拧不紧、漏水。

由音量看出身

你知道我为什么说这个故事吗？

因为人们的习惯常是环境造成的。同样一个人到中餐馆和西餐馆，讲话的音量就可能相差甚多。

道理很简单！你在嘈杂的喜宴上小声说话，人家能听得到吗？

相对的，如果你到"烛光轻音乐"的西餐厅高谈阔论，能不引人侧目吗？

这时候就出现问题了——

如同可以由关车门和拧水龙头的轻重猜想他是来自怎样的环境，大家是不是也能由一个人讲话的音量，来猜想他出身的环境？

了解了这一点，你要常常检讨自己说话的音量是不是太大，甚至往更深一层想：是不是因为上一代从你小时候，就用大声的训斥取代理性的教诲，你又承袭了这种习惯，拉着嗓子对孩子说话？

还有，你可能在几十户人家合居的大杂院里长大。但是今天，经济情况好了，大杂院改建成高级大厦，地方大了，门户严了，四邻不再那么吵闹，连路上的车子都很少按喇叭，你说话的声音是不是也可以放小一点了？

你说话的音量可能在第一时间已经显示了你出身的环境，你能不小心吗？

⊙

小声说句"我爱你"
——学习优雅的谈吐

如果你看四十年前的电影或电视剧，八成会不习惯。

因为那些演员太造作，无论动作、声音都夸张，怎么看都觉得是在"做戏"。

这多半由于他们是舞台剧出身。早期的话剧没有无线麦克风，场子的设备又不够好，为了让整场观众听得清、看得清，演员不得不放大声音、夸张动作。

当那些演员改演电影或电视剧，不自觉地就会把演话剧的习惯带到镜头面前。

难改的腔调

同样的道理，你如果年岁够大，回想一下三十年前的演讲比赛，是不是也觉得当时很夸张？演讲的学生顿足捶胸，拉大了嗓门喊，尤其到结尾，更非握拳高举喊几句口号不可，好像不这样就没有力量，就不算结束，就不能得奖。

别说参加比赛的学生了，那些领导者、政治家和政客，不也一样吗？

更糟糕的是，今天，学生演讲已经自然多了，一些领导人却没改进。

因为他们也像话剧演员改演电影，一时改不掉老习惯。

过去"上山下乡"，哪有麦克风、扩音器啊？下面聚了一大群人，这些领导者，能不拉着嗓子喊吗？

即使到了今天，也不能保证每次领导人下乡都有好的音响伺候。如果突然聚集一群人，要他讲话，他当然还是得喊。

于是旧习惯就愈难改了，即使到了最好的大会堂、音乐厅，甚至只有几十人的小场子，明明有最好的音响设备，连讲台上掉一根针都听得清清楚楚，那些领导人仍然可能拉着嗓门说话，而且常常把尾音提得特别高。

学习优雅的谈吐

说话要用多大的音量（也就是"音势"要多强），全得看环境。但是你也要知道，最亲切感人的语言，往往不是"吼"出来的。

讲个笑话给你听。

有一对新认识不久的男女，在公园约会。男的把手放在女生的腿上，亲热地对女生柔声说："我爱你！"

"高一点！"女生回答。

那男生就拉大嗓门喊："我爱你！"

那女孩真因为觉得男生的声音太小，要他大声表白吗？

如果把"我爱你"大声喊出来，还有情趣吗？

问题是，你一定早发现，有许多人不但在致辞或作报告时喜欢拉着嗓门说话，即使日常交谈，他们的音量也特别大，甚至大到炸

耳朵，使你怀疑他是不是在对别人说，或故意让别人听到。

这种人说的话会给你亲切感吗？

当然不！

看看别人，想想自己

所以，你想说话有魅力，显示优雅的谈吐，先得自我检讨，说话的音量是不是恰到好处。

如果你讲话的声音太大，是不是因为总对重听的人讲话，习惯大声了，或有焦躁的毛病，甚至不把音量放大就说不顺？

你也可以用别人来想自己，譬如在地铁里观察人们说话的音量，或到不同国家，看看国情不同，说话的音量有没有差异。

你还可以观察你的邻居、朋友，看看人家的谈吐和音量。

然后想想自己。如果觉得过去讲话无论什么场合都太大声了，或一紧张、疲惫，就显出焦躁，愈说愈快愈大声，就立刻改。先改变速度，再试着对近处的人小声说、对远处的人大声说，让自己的音量有变化。这另有一番道理，请看下一节！

⊙

蒙古草原唱首歌
控制说话的速度与音量

假使你们公司开会，为了掌握进度，每个人说话的时间都是算好的。老板要你上台报告二十分钟，不准长也不能短。

你很慎重地先拟好稿子，在家演练又演练，还请人帮你计时，每次都正好讲二十分钟。

请问，如果你不是"老手"，当你真正上台，那原来准备好二十分钟的稿子，会正好让你说二十分钟，还是可能才讲十八分钟就讲完了？

紧张会造成说话快

据我训练学生演讲的经验，除非猛吃螺蛳或忘稿子，十之七八上台之后，说话速度会变快，原来五分钟的稿子，可能四分四十五秒就讲完了，还有些人能四分半钟就结束，而且下台之后，不信自己"说得奇快"。

人一紧张焦躁，说话就会快，最好的改进方法是不断告诉自己说慢一点。

如果你平常说话嫌快，你可以一边说，一边在心里告诉自己"放慢一点"。渐渐能控制之后，则告诉自己"我这边快一点，那边慢一点"，使你说话有节奏。

如果你演讲或作报告时总是嫌快，除了可以不断在心里提醒自己，或在演讲稿上面写个大大的"慢"字，还要告诉自己，在每个段落之间多停顿一下。而且你必须知道，在紧张的时候，你以为停顿一秒钟，实际可能只有半秒。这时候有个控制的好方法，就是当你停顿的时候，用眼睛横扫一下场子，或笑笑（可不是在葬礼上）。这样做，非但能使那停顿的时间够长，而且会给人"空白的充实感"。就是虽然你停下来了，但停得有道理、有情绪，好像你特别停一下，要大家想一想你刚才说的。（那些师父讲经，不都这样吗？）

小心音响出问题

现在再谈谈音量。

我虽然在前两节再三强调，不可以用过大的声音说话，但也提到"不可过小"。因为如果声音太小，让人听不清，不可能有好的效果。

音量的大小得看场合。在人声嘈杂的地方，即使面对面，甚至贴着耳朵，都得大声喊；在万籁俱寂的环境，即使"咬耳朵"，都可能嫌大声。

当你演讲或作报告的时候，一定要先衡量场子里的情况和设备。

如果音响器材不够敏锐，会使你不得不大声喊。你甚至得衡量自己的体力，把原来计划好的演讲缩短，免得到后来喊哑了嗓子。

即使是音响效果好的地方，为了慎重，你也最好先试试音，而且要求负责控制音响的人一定在场。

否则很可能出现尴尬的情况——

你明明在最好的场地演讲，却因为事先音效调得太低，控制人员又跑掉了，没办法调整，造成整场演讲或会议，大家都得拉着嗓子喊。

人数不同，语气不同

还有一点，是讲大场子和小场子，你不但得用不同的音量，而且得用不同的口气。

举个例子，今天你到了有两千个座位的大会堂，但是只来了二百人，你除了请这二百人尽量往前面坐，是不是也得改变语气？

两千人是大演讲，二百人是小演讲，二十人就成了谈话会。

你怎能用对两千人演讲的语气来对眼前的二十人说呢？

只怕当你那么做的时候，仅有的二十人也要走了。因为你表现得太夸张，失去了亲和力，令人受不了。

腾格尔不会出在苏州

"声音"绝对跟环境相关。

为什么蒙古族歌手、山区少数民族和陕北同胞的歌声硬是不一样？

你只要设想自己在"风吹草低见牛羊"的大草原高歌，走在树林间对着山谷对面的姑娘唱情歌，再想想，你在见不到几棵树的黄土大地，望着远处的黄河引吭就行了。

蒙古草原的歌声当然雄浑，西南少数民族的歌声当然高亢，陕北黄土高原的歌声当然粗犷。

这些人的声音，当然与城市人不一样。

为什么有人对着大海练演讲?

现在你就知道,为什么许多演说家,他们以前不擅长讲话,甚至有口吃,但是在发愤图强,对着大海不断练习之后,居然成为演说家?

因为大海会吃掉声音,当他对着那空旷的地方演讲时,甚至听不到自己的声音,久而久之自然能把气练足,把声音练大。

虽然现在的音响效果好了,你还是可以用环境来训练演讲的"音量"和"气势"。

举个非常有意思的例子:

我教学生演讲时,坐在他前面不远的地方,如果觉得学生的音量不足,叫他加强,一次两次,还是不够。

你猜,我用什么方法改正他?

我会走到屋子的角落,离学生远远的。如果是在礼堂里训练,我甚至会坐到观众席的最后一排。

人很妙,每次我一坐远,大概怕我听不见,学生的音量自然就会加大,而且不只声音变大,那"气"也自然加强。

了解了这一点,如果你训练孩子演讲,可以坐到远远的角落里听。如果你训练自己,则可以请父母或"另一半"到远处听。

但记住,听的人不能离开视线,如果他出了房间,你看不见他,效果就差了。

小心失控

⊙

从《全民开讲》到《真情指数》
——说话的速度要看场合

大约十年前，我听到一场精彩极了的辩论赛。

经过初赛、复赛，进入决赛的两个大学代表队，真可以说是高手中的高手，不但词锋锐利、反应超快，而且说话的速度十分惊人。

从头到尾简直毫无冷场，甚至让听的人都有来不及喘气的感觉。

比赛结束，我猜甲队略胜一筹，可以胜出。然而成绩公布，居然乙队胜了。

不但甲队露出难以置信的表情，连乙队都喜出望外。

事后，乙队的学生对我说，他们确实认为输定了，因为论理，他们自知不如甲队，没想到居然能赢，真是有些意外。

我也很不解，于是打电话给其中一位评审。

评审一听我问，就叹了口气说："你居然也来问我，已经有好多人打抱不平，骂我们这些评审了！可是你要知道，前面好几场评下来，决赛已经是下午四点半，我们几个老家伙都累死了。一累，反应就慢，谁让他们说得那么快？才听懂上一句，下一句已经错过了。所以说实话，是因为我们都没能听清楚他们论的道理，所以没打对分数。"

说话的速度要看对象

听完我说的故事，我请问你，这些辩论的学生，说得那么快，是对还是不对？

没错！就参加的两队而言，他们年轻、反应好、精神好，都把对手的话听得一清二楚，也都心知肚明谁辩得比较好。

但是评审不同，里面好几位都年过六十了，又累了一整天，学生说的，他们来不及"会意"。

结果，该赢的输了，该输的却赢了。你说，辩论输了的那一队有没有错？

说话的速度要衡量得失

好！把这问题先放下，再让我讲个自己的故事。

我大学毕业那年，"全民自强晚会"改由"救国团"负责，他们不再用往年"三台"各派两位主持人的方式，而决定交给我一个人主持全场。

晚会是在台北的"中华体育馆"举行，"救国团"的人已经事先查看了场地，又作了彩排，发现场子太大，音响又不好，加上有回音，于是对我千叮万嘱，要一个字一个字慢慢说，否则现场两万多观众会听不清。

但是到那一天，我完全不管他们的叮嘱，仍然用我平常说话的速度主持，相信确实如他们所说，现场的观众不能听得很清楚。

但是节目播出来，我居然称得上"一炮而红"，立刻被电视台请去主持益智节目，接着进入新闻部。

我敢说，如果我那天听了"救国团"朋友的话，我不会有今天。

为什么？

因为那是"三台"联播的晚会，如果我一个字一个字地说，现场两万多观众虽然听清楚了，电视机前上千万的观众却会觉得别别扭扭，只怕还要奇怪，我为什么说话那么慢，是不是有毛病或怯场呢！

也可以说，在一千万电视观众与两万现场观众之间，我选择了一千万。

换做你，你选哪一个？

股市与葬礼的差异

语言的魅力，跟你说话的速度有绝对的关系！

问题是，什么是最恰当的速度？

有人说，一分钟讲两百五十字是最好的，有人说两百八十字才精彩。

他们都对，也都不对。因为速度要看对象、看现场，甚至看内容。

打开电视，这一台播报"股市行情"，那一台是赛马现场转播；再换一台，是某要员的葬礼实况。

请问，你能用一样的速度播报吗？

老掉牙的电影，老掉牙的观众

时代不同，说话的速度也不一样。

很简单！你找个三十年前的新闻节目录像带看看，那速度比今天慢得多。

你再找个四十年前的电影看看，很可能节奏慢得令你受不了。

四十年前的电影，如果演出"回溯过去"的情节，一方面要用慢速度，一方面要用"溶"的画面，模模糊糊地从"现在的画面"回到"过去的画面"。

搞不好，还得打上字幕：二十年前的某一日。

而今天的电影，根本不交代，一下子就跳到几十年前，又一下子跳回现在。

为什么有这么大的差异？

因为现在的生活节奏变快了，人们的反应也更快了。只有少数老人家，可能反应跟不上、看不懂，觉得新派电影没意思。

白天与晚上的心情不同

除了因为时代不同，造成说话速度不一样，就算在同一天，说话速度也可能有差异。

如果你上节目，即使是中午录音或录像，也最好先问一下："请问这节目是几点钟播出？"更应该事先了解那节目的性质。

道理很简单——如果那节目只播出一次，而且是在深夜，你能用中午旺盛的精力和语气"高谈阔论"、拉着嗓门"大放厥词"吗？

要知道，同样的语气与速度，在吃饭时间播出、晚上黄金时段播出和深夜一点钟播出，给人的感觉会差得很远。

当人们在黄金时段听见你拉着嗓子尖声批判，可能赞美你词锋锐利，但是换做深夜，却骂你刻薄，甚至对你有不好的印象。

白天要理性，夜里要感性

同样的道理，今天你上《全民开讲》和《真情指数》，能用同样的速度和语气说话吗？

不信，你把上《全民开讲》的调子，用在《真情指数》里，只怕会有九成以上的听众关机或转台。相反，如果你用《真情指数》的语气上《全民开讲》，我奉劝你：免了！免得别人说你是"软脚虾"，有气无力。

说话的速度真是太难掌握了！怎样说得快而清楚，并且把不好说的东西表达得流畅，请看下一节。

⊙

小心"吃螺蛳"
——怎样避免气息和速度失控？

上一节我提到因为主持"全民自强晚会"反响不错，于是被请

去主持一个益智节目《分秒必争》。

"分秒必争"，顾名思义，是个要掌握每分每秒的竞赛节目。先由参加者摁按钮，看那灯光落在"分"、"秒"、"必"、"争"哪个箱子上。接着由主持人从箱子里取出题目，以飞快的速度说出来，并由摁按钮的那一队立刻作答，只要三秒钟内没答出来，就换边，由另一队抢答。

据说我念题目的速度是以前电视节目中少有的，大概也因为节目精彩，达到十三家广告满档的盛况。

说话快不等于气急

但是，当我转到新闻部当主播，就麻烦了！

才播不久，就有观众写信来骂，写的人显然挺有学问，所以用词典雅，说我播新闻太快，又是在晚上吃饭的时候，令他听了"有碍胃纳"。

为了这个，我作了不少"民意调查"，果然，连我太太都觉得我播得太快，给人"气急"的感觉。

但是，当我调出录像带，一遍一遍看，再试不同方法之后，我播报的速度一点也没变慢，大家却不再觉得气急，甚至感觉十分从容了。

口若悬河要约束

我居然是在登山时有了领悟——

相信你一定见过，在很陡的山坡上，如果有水沟，那沟不是直直一条由山顶直通山脚，而会每隔一段，就有个水槽或小池子，由那小池子另一边"开口"，再接上水沟，往山下去．如果山坡很长，中间可以有上百个小池子。

起初我看到那些小池子，猜想一定是给登山人取水用的，但取水何必花那么多钱，建那么多小池子？一条直直的，多快！多方便！

直到有一天，我看见一条直直的水沟，才恍然大悟。

那天我坐车，经过一处山路，十分湿滑。心想：别处都干干的，为什么这里特别湿，多危险！

细看，才发现因为山上有条沟。水直直沿着山路往下流。水很急，坡又陡，于是激起好多水花，变得有点像是小瀑布般。水沟已经约束不住，使急流溅到路上。

于是令我想起那些小水池。假使每隔一段，先让沟里的水进入水池，减缓水的冲力，再流向下一段山沟，就能控制了。

在快之间加一些慢

说话速度太快的时候会"吃螺蛳"、打结，不也一样吗？当你的嘴赶不上你的心，就好像直直的水沟，管不住急流。

最简单的改进方法，是每隔一段，建个小水池，每隔一段"快的话"，就接几个"慢的字"！

在一整句话中，把某些字放慢，有许多好处：

第一，你本来就应该把专有名词，或听众不熟悉的字，譬如特殊的人名、地名、国名和制度名称说慢一点，使听的人能够有时间听清楚、搞懂。

而且，当你特别放慢的时候，能引起听众注意，就好像写文章的时候，使用引号，有加强的效果。

小心尼亚加拉大瀑布

第二，那些专有名词，既然是别人不熟悉的，也可能是你不习惯的，如果你念得太快，容易出错，放慢则能避免。

譬如"美国华盛顿的波托马克河"，你念得快，"波托马克"很可能"吃螺蛳"，这时你可以把大家熟悉的"美国华盛顿"念快一点，到了"波托马克河"，则念慢一点。

又譬如一些国名、城市名，像"危地马拉"、"委内瑞拉"、"布宜诺斯艾利斯"、"美索不达米亚"，都有些拗口。尤其是美加交界处的"尼亚加拉大瀑布"，我不知听过多少人说到这儿就出问题。

但是，只要放慢一点点，就可以轻松过关。

碰上拗口的句子怎么办？

第三，有些句子，"天生"就不容易念。

譬如"回国参加这次国民大会开会的加拿大国大代表"，今天你是新闻主播，碰上记者写这种奇怪的句子，除了认倒霉，只好把速度放慢。

又譬如"前来访问的沙特阿拉伯王国国务大臣瓦拉希里"，这稿子写得一点都没错，因为"沙特"的全名确实是"沙特阿拉伯王国"，那"瓦拉希里"的官衔也确实是"国务大臣"。

遇上这句子，你只好一边以快速念"前来访问的"，一边早早在心里准备下面的"沙特阿拉伯王国"。

而且小心，你得一次念清楚！

如果你念完"沙特阿拉伯"，才发现下面还有"王国"两个字，再补上，就让人有"沙特阿拉伯亡国"的感觉了。

怎样"绕口令"

还有一些句子，虽然不是"绕口令"，却说起来十足像绕口令。

譬如在我的《在生命中追寻的爱》演讲里，有一句："虽然他们的爱没有玫瑰花瓣般芬芳……"

我有好几次都没讲好，直到特别放慢，才说得清楚。（你不妨也试试。）

疾得流利，徐得有力

第四，某些字放慢速度，因为显得你考虑到听众，会给人特别亲切的感觉；又因为那慢，使你能够喘口气，不致气急。

同时，如果你从从容容，慢慢讲，那"慢"就表现出从容不迫的神采。

记住！讲话如果没有快慢变化，非但句子不清楚，还容易有催眠的效果，给人喋喋不休的感觉。相反，当你有疾有徐，而且疾得流利，徐得有力，在不重要的地方轻松带过，在重要的地方又能特别强调，则能给人顿挫分明、思路清晰的权威感。

现在就试试吧！

随便找一段文章，或抓份报纸，念念看！说不定才练习几次，你以后作业务报告，或上课被老师叫起来读书时，就能令人刮目相看了。

刘 墉

作 品 精 选

人性之探篇

良心被狗吃了

"朱太太！你家小宝有这种橡皮擦吗？"杨太太把橡皮擦递过去。

"好像有耶！真漂亮，日本做的。"朱太太接过来看了看，"我看到小宝铅笔盒里有。"

"不是你给他买的吗？"

"不是，好像是他同学送的。"朱太太笑笑，"这年头啊！小孩子很浪费，乱送东西。这么一块橡皮擦，我看一百块都不止。"

⊙

才回家，杨太太就拨电话给王妈妈了：

"王妈妈，我去问过了，朱太太没给她儿子买那种橡皮擦，但是她看到小宝有，说是小宝同学送的。"

"小宝可真会撒谎。"王妈妈哼一声，"你没跟朱太太说她儿子的橡皮擦是偷我孙子的吧！"

"我没说，我不敢说，怕她生气。"

"对对对！朱太太爱面子，不能直说。"

"可是不说也不好吧！"杨太太有点操心，"小宝总在你家我家跑来跑去，要是手脚不干净……"

"是啊！"王妈妈回头看了看自己的古董柜，猛点头，"麻烦就大了。"

"这样吧!"杨太太想想,说,"明天小宝来我家,我私下劝劝他,就不用让他妈知道了。"

王妈妈高兴地喊:"对!私下说说那孩子就成了。"

⊙

"我没偷!我没偷!"小宝居然不承认。

"你没偷,王奶奶为什么说她孙子的橡皮擦不见了,就在你那天去她家玩的时候不见的,而且跟你那块橡皮擦一模一样?"杨太太有点火了。

"我的橡皮擦是我妈妈去前面小店买的。"小宝眼睛一瞪,"当然会一模一样。"

"好家伙!你这个小鬼。"杨太太指指小宝的脸,得意地笑笑,"我就猜到你会这么说,所以啊,我先去问过你妈妈了,她说没给你买过,还说你对她说是同学送的。"

小宝怔住了,隔了两秒钟,突然放声大哭了起来,外套都没拿,就冲出门,跑回家去。

⊙

才一下子,朱太太就带着小宝出来了,直直地进了杨家:"姓杨的,你说我儿子偷东西?"

"没偷我的,是偷王家孩子的。"

"偷什么?"朱太太的脸涨得通红,吼声把四邻都惊动了,纷纷探出头。

"偷什么?偷橡皮擦——"杨太太把"擦"字拉得特别长,"就是我给你看过的那种很贵的橡皮擦,你不是说他讲是同学送的吗?"

"橡皮擦?"朱太太尖叫了起来,"姓杨的!你不要含血喷人,我告诉你!我跟你没完没了。我儿子的橡皮擦是我买给他的,你儿子的橡皮擦才是偷的呢!"

狠狠一脚踹开门，拉着小宝冲了出去。

故事二

"一句话！一句话！告诉你女儿，到台湾先打个电话给我，以后有什么事，也都找我，我一定会好好照顾她的。"

放下电话，老曹对太太耸耸肩："以前大学同学，二十年没消息，原来早移民去了美国。"

"现在有消息，一定无事不登三宝殿，对不对？"曹太太笑了笑。

"他女儿上大学了，要来台湾学中文一年。"老曹从书架上找出同学录，翻到小吴的照片。

"还长得不难看嘛！"曹太太瞄了一眼。

⊙

那女孩长得更漂亮，比她爸爸还好看。大概在美国，牛奶牛排吃得多，尤其迷你裙下两条腿，又直又长，美极了。

"在台湾，住哪儿啊？"老曹关心地问，"要不要到曹叔叔家来住？"

女孩子，左歪歪头，右歪歪头，一笑："好啊！"当天就搬了一堆行李来。

"谁要你多话！"曹太太偷偷数落老曹。

"我没想到她会真来了！"老曹摊摊手。

这美国丫头一来，老曹家全乱了。

老曹不能再穿着内裤在屋里晃。

两口子深夜不能看 A 片。

尤其操心的是才上高中的儿子，每天一回家，第一句话先问："吴姐姐在不在？"

所幸，没住半个月，美国丫头说找到了教英文的工作，在内湖，交通不便，搬走了。

⊙

这一去，就半年没消息。

老曹打了两次电话，都是录音，也没回话。后来试着深夜拨，还是不在。

不久，接到老同学电话。

"我找不到她。"小吴在那头喊，"怎么深更半夜都不在呢？拜托你，帮我多注意一下。"

没她的地址，老曹只好跑到那丫头念中文的语文学校去看看。

"这个学生，"语文学校的人翻着名册，"早就不念了。"

⊙

老曹急了，立刻向美国的小吴报告。

小吴跳了起来，在那头央求老曹："好同学啊！求求你，帮我找找。我这儿实在走不开，我老婆要是知道，非急死不可。"

才挂上电话，那么巧，居然就有了吴家丫头的消息。

电话是另一个女孩子打来的。

"曹先生，是吴小姐叫我打电话给您，她现人在××分局。"

"××分局？"老曹的心脏差点跳了出来，"怎么会去那儿？"

"她跟几个朋友去一家 PUB 玩，被抓了。"

老曹立刻赶去××分局。

"别人都回家了。"分局的警员说，"但她是美国籍，由外事组办，过两天，我们直接把她送到桃园机场。"

"她犯了什么法？"

"犯了什么法？"警员笑了，"你连她在做那个都不知道？"

"她只是到那家 PUB 玩！"老曹说，"我知道！"

警员没说话，拿出了一个本子，和一沓名片，指给老曹看：

"去玩玩？还印名片，还上花名册？"

⊙

美国丫头终于上了飞机，老曹却几夜没能睡，翻来覆去地想。

打不打电话给小吴呢？打电话，我说不说呢？

老曹还是拨了电话去，把事情一五一十地说了。

那头先不吭声，隔了半天，沉沉地说了几个字："你确定？你搞清楚了？"

过两天，老曹算着那丫头该到了，又拨电话去。

接电话的居然正是那丫头，一听是老曹，立刻交给了小吴。

还是沉沉的声音：

"老曹，你以后没事，最好少打电话来。你那一家对我女儿怎么样，我女儿都说了。还有，我女儿受冤枉的事，你没帮忙，还乱说话，你要是再让我听到，我非修理你不可！"

咔！电话断了。

隔了好一阵，老曹愈想愈不是滋味，又拨去美国。

妙了，跟那丫头一样，电话先是没人接，跟着就被剪了线，小吴一家都不见了。

你不可不知的人性

上面这两个故事，你从"理"的角度想，两家的父母不但不该发脾气，还应该感谢杨太太和老曹。

但是从"情"的角度想，你可能又觉得他们发怒"有理"。

你为什么觉得有理？

因为换作你，你也可能不高兴。

这就是人性，在维护自己尊严的前提下，一个普通人可以变得"不识好歹"，一个领导者，可以变得"不守然诺"。

⊙

不知你有没有读过这样的故事，或看过这样的电视情节。

臣子吞吞吐吐地对主子说："我听到对方在辱骂您。"

"他们说什么？"主子问。

"小的……小的不敢说。"

"你说！"

"我说了，怕您会发怒，小的真的不敢说。"

"你给我大胆说！"主子想办法压住怒气，"我不会怪你。"

"他们说您是婊子养的……"

话没说完，主子勃然大怒："什么？拉下去，给我斩了！"

⊙

好！你说这主子是不是"不守然诺"？

他原来早打算好，听完这臣子的话，就把臣子杀掉吗？

不会！他原来确实想，只要臣子说出来，不会怪罪臣子。

但是，当话被转述出来，太难听了！对于一个"主子"、一个"圣上"、一个"真命天子"，什么比说他是婊子养的，不但不是真龙天子，还出身不干不净，来得伤害大呢？

大家都是人，凭什么我是"主子"，你是"臣子"？

就算我的武功好，双拳难敌四手，来个四十只手，这"主子"也非输不可。

"主子"之为"主子"，全靠他那点名，甚至他那点自己编的神话。也正因此，当年跟他穿一条裤子、打天下的老臣，凡不把"平起平坐"的眼神改成"仰望圣上"的，全都会被他除掉。

知道他底细的全滚了，或全噤声了。

他成了真命天子、神圣不可侵犯的神人。

这时候，当你说有人讲他原来是婊子养的，他能不把你除去吗？

他可以"不守然诺"。虽然"君无戏言"、"民无信不立"，但是与主子的"尊严"比起来,"信"已经不重要。

⊙

现在我们回头想想。

朱太太和小吴难道真不知好歹、不明是非吗?他们为什么突然翻脸,甚至从此绝交?

道理是一样的,因为在这个时候,"面子"比"里子"重要。他若不翻脸,他就面子里子全输了,他就再也难翻身。

什么叫"再也难翻身"?再难翻身就是事实证明她儿子偷了东西、他女儿做了见不得人的事。

当他们一下子跟你绝交,事实就像断了线的风筝,只要你不再继续追,或你追而他们死不承认,也就不了了之了。

⊙

"再也难翻身"是一个最重要的关键。

让我举一个实例——

国画大师黄君璧在世的时候。

有一天,一位贵妇,拿了四幅从国外买的古画,请黄大师鉴定。

四幅画都是价值连城的"传世之作"。

黄大师没看画,先问:

"这些画您都已经买下了吗?"

"买下了!"那老板娘得意地说,"真是花了相当多的钱,抢回这几件国宝。"

说完,指示三位随从把画打开。

第一幅,展开一半,黄大师就摇了头:"假的!"

第二幅,全展开了,黄大师又瞄一眼、叹口气:"假的!"

第三幅,打开来看了半天,黄大师说:"这画家的作品,我不内行,虽然说不准,但是看得出画上的笔法相当老练。"

第四幅，才展开三分之二，黄大师就叫好："这幅好极了！"

那个阔太太虽然有点失望，但想想有两幅八成是真迹，还算安慰，便带着随从高高兴兴地走了。

才走，黄大师就叹口气：

"冤枉啊，冤枉啊！花了那么多钱，四幅都是假画。"

我当时不解地问：

"既然您知道都是假的，为什么不说呢？"

黄大师笑笑：

"她对自己的眼光那么有自信，又已经花了那么多钱，而且当着她的那么多部属，我能说全是假的吗？"黄大师对我点点头，神秘地笑笑，"钱对她来说，是小事；伤了她的面子，可就是大事啦！"

你不能没有的谅解

现在你了解了吗？

为什么黄大师先问那人是否已经买下了呢？

当对方说："我还没买，要给您看过之后才能决定。"

黄大师八成会告诉她："千万别买！全是假的。"

但是对方已经买下，就是"再也难翻身"了。

孔子说"成事不说，遂事不谏，既往不咎"就是这个道理。当你发现一件事已经定案，再也无法挽回，就不用再多说了。

你能对一个五十多岁的人说"你这辈子，什么什么都做错了，如果不那样做，今天一定不一样"吗？

你可以说，但你没有必要说。

他的事已经成了，人生已经过半了，再下工夫，能改变的也有限了，你不是伤他的心、伤他的自尊吗？

⊙

自尊比什么都重要。

多么卑微的人、多么年幼的孩子，都要自尊。

要自尊，是人性！

所以对于他还能改变的事，你可以说。对他已经"再也难翻身"的事，你不能说。

人性很有意思，就好像抓你的皮肤。轻轻地抓是"痒"，重重地抓是"痛"；轻轻地打是"拍"，重重地打是"揍"。

问题是，每个人的感觉不同，抓多重是"痒"，抓多重又是"痛"呢？什么玩笑是"幽默"，什么玩笑又是"讽刺"呢？

答案还是那个——

凡是会伤人自尊的，都是"揍"，都是"痛"，都是"讽刺"。

⊙

再举个例子吧！

有个人带你参观他已经荒废的祖宅。

"真可怜哪！你瞧！我曾祖父住的地方有多烂，有多脏！"他自己摇着头说。

"是啊！讲句实在话，有点像堆柴的仓库。"你附和。

"称得上是狗窝了。"他居然哈哈大笑起来。

看他如此幽默，你也补加一句：

"是啊！看这一小间一小间，还像妓院呢！"

原来好好的，他马上翻了脸。

⊙

他为什么翻脸？

因为祖先穷，可以显示下一代的努力和荣发；祖先"不干净"，就显示人的出身了。

出身无法改变，所以出身不能拿来开玩笑。

问题是，对于出身，每个人敏感的又不相同。

你可以看着一个人，说："我看你的上一代有蒙古血统。"

他可能很高兴，因为显示他豪迈。

你也可以说："我看你上一代有西域新疆的血统。"

他也可能高兴，显示他白里透红，像穆斯林，是从天山过来的。

你还可以说（尤其对女孩子）："我看你上一代有云南白族的影子，又有水摆夷的味道。"

她虽然没见过白族，也没看过水摆夷，但是听那名字就觉得自己浪漫柔美。

但是，你能说"我看你上一代有黑人的血统"吗？

我不歧视黑人，你也不歧视黑人，但你怎能确定他不歧视？

不信，你试试，当你这么说，他的反应会如何？

⊙

现在，回到原来的故事。想想，如果杨太太是私下对朱太太暗示："现在小孩子之间，总是你拿我的，我拿你的，大家拿来拿去，等到有一天孩子之间不高兴，又说是你偷我的、我偷你的。真要命！"

如果她还听不懂，杨太太再加一句："我也常注意我孩子的东西，看到不是他的，我就叫他还给同学。"

请问，她们两家还可能"朱杨变色"吗？

⊙

想想，如果你是老曹，你当时打个电话给小吴，说："哎呀！一个年轻人，生活难免不正常，我想帮，也帮不了许多。我看哪，女儿还是留在身边，留几年是几年，享享天伦之乐吧！"

小吴听得懂也好，听不懂也好，至少他会感激你，不会恨你。

而且，你要知道，当吴家丫头猜测老曹可能告状的时候，她很可能先说老曹坏话。

搞不好，她已经说了老曹的儿子色迷迷地看她，让她住不下去了呢！

所以，当你碰到这种情况，你不但不能说，而且应该先找小吴的女儿挑明了：

"你今天的事，我绝不会对你爸爸讲。这次既然被遣送出境，就暂时别回来了。"

⊙

请不要怪我教你作假。

这是人性啊！

一个孩子偷东西、一个女孩子从事淫业，都是我前面所讲的——它是难以改变的事实，你说出来，只可能造成更大的伤害。

你帮助他们的唯一方法，就是大事化小、小事化无，让事情慢慢淡去。

⊙

既往不咎！既往不咎！

夫妻之间、朋友之间、亲子之间，当你有话要说的时候，要常想想："我这话，于事有没有补？既然无补，说了又有何益？"如果你说了，只是图自己爽，或给对方一个羞辱，你得到的结果一定是——恼羞成怒。

你这就是不懂人性啊！

老陈的报复

"黄董事长夫人，该缴管理费了！"老陈故意冲着对讲机，扯开嗓门喊，让走进大厅里的几个太太都听到，"咱们整栋楼的人都早缴了，就您府上没缴，您再不缴，我就得给您垫上了。"

跟着就见黄太太跑出电梯，还一边跑一边喊："对不起！对不起！我忙忘了。"

几个太太一边进电梯，也就一边学她的语气："我忙忘了！我忙忘了！笑死人了，只怕是手头紧，缴不出来吧！"

她们故意要让黄太太听见，出出多年的怨气。一整栋大楼，没人喜欢黄董事长家。他们住顶楼，好像一年到头开冷气，一开，就往下滴水，滴滴答答整夜吵人。

他们又爱应酬，好像不睡觉似的，三天两头打麻将，再不然就唱卡拉 OK，半夜三更还在大理石地上拉椅子，吵得几层楼都听得到。

连电梯都让他一家占着，等半天，电梯不下来，八成就是停在他家；也不知有多少人进进出出，走的时候还按着电梯不放，大概是向黄董事长鞠躬吧！

全是烧香的！逢年过节，你单单由那电梯里掉的荔枝叶子、散发的苹果香味，就能知道有多少人送礼。

"他家可真会吃。"老陈常对住户说，"十几篓十几篓的水果往上搬。他一家消耗的，只怕比咱们整栋楼加起来都多。"

⊙

老陈最痛恨的就是黄家了。

半夜三更，大门都关了，他们家的牌友还进进出出，害得老陈想睡个小觉都不成。

黄家自以为了不起，特别苛刻。有一天，老陈不小心，让个推销员溜进电梯。黄董事长跟着就下来骂了，当着一堆住户的面，把老陈狠狠修理一顿：

"要是来个人行刺、绑架，还得了？我们聘你当管理员，不是要你在这儿睡觉！"黄董事长拉长着脸孔，老陈只好站直了听训。

他妈的好像成了我的营长！当过连长的老陈恨在心里，就是我的营长也没这么骂过我啊！哪天把我惹火了，大不了老子不干，好好给你几拳。

⊙

没等老陈报复，倒是老天有眼，先让黄董事长垮了。号称是他自己开发的产品，居然抄袭了美国的东西，挨了告，勒令立即停产，已经生产的还得全部收回。

黄董的消息上了头版新闻，一早，大家全看到了，连不看报的也知道了，因为老陈逢人就报告：

"您看今天的大新闻了吗？黄大老板垮了，他这是活该！"

听说的人，也就十分幸灾乐祸地咒一句：

"报应！报应！看他以后还神气不神气？"

⊙

黄董一家真像唱戏的花旦——身段软。从一出事，居然就一百八十度大转弯。

以前见人只当没看到，从来不打招呼，现在则是主动开口，而

且客客气气、柔声细气的。

以前难得在大厅里见到黄董，因为他总是坐电梯直接下到停车场；现在，没了车子，连车位都租了出去，他当然得由大厅进出。

他居然主动跟老陈打招呼。换成老陈把脸一撇，装没看到。

有一天，黄董居然过去跟老陈道歉：

"对不起啊！老陈，您大概还在生我的气？"

"哎呀！我哪儿敢哪？"老陈嘴一撇，"您言重了。"然后没等电梯门关上就狠狠地大声骂，"到今天才道歉！对不起！老子不吃你这一套！"

其实整栋大楼都注意到黄家改了——

不再占电梯，不再半夜三更吵，不再拉椅子，冷气机不再滴水，连他那宝贝女儿见人都会叫伯伯、阿姨了。

只是大家也都跟老陈一样，把黄家当笑话谈：

"人垮了，一家倒都成了样儿了。真肉麻，真受不了。"

大家也私下猜：

"他垮了，赔那么多钱，怎么还不搬哪？"

⊙

黄家硬是没搬，一年多撑下来，居然来个大反转，翻案成功——美国法院判下来，他没侵权。

这下子，黄董事长公司的产品更红了。告他的那家美国公司眼看打不垮他，不但赔他一大笔钱，居然还要跟他合作，共享全球的市场呢！

"完了！他又神了。"大楼住户们彼此传递着消息，"以后又要滴水、拉椅子、占电梯了。"

老陈更火："老天爷是瞎了眼！再不然就是里面有鬼，送了红包。"

不过大家这次全猜错了。

黄家真改了。不但改，而且变得更亲切。中秋节，家家都收到礼物，而且是由黄太太亲自送到门上："我们公司客户送的，还不错，如果您不嫌弃的话……"

老陈的桌子底下更多，放了满满一大篓。住户们才进大厅，就闻到了香味。

⊙

又隔一年，大楼门口拉上了红色的彩条，还挂了一个牌子："黄某某竞选办事处"。

大楼里没人说话，因为大家都是助选员。

当选那天晚上，大厅里开香槟酒会，陪着黄委员出来接受喝彩，喊得最起劲的，正是近几个月来逢人就拉票的——老陈。

你不可不知的人性

贫而无谄难，富而无骄易。

当一个贫穷的人主动去找富有的人，大家会说他是"攀附权贵"，说他是"贫而谄"。

当一个富有的人主动找贫穷的人，人们看了却可能说"这个有钱人真是平易近人，一点架子都没有，真是'富而无骄'"。

细想想，这两者的动作不是完全一样吗？为什么却给人完全不同的感觉呢？

⊙

再举个例子——

在工厂生产线上的一群女工之中，有一个女孩子在偶然的机会认识了工厂的小开。

她下班之后去找那小开，让同事看到了。

那些女孩子会怎么想她、说她？

是不是会说她"攀龙附凤"？

但相反地，如果小开主动到生产线上找那女孩子，感觉就不一样了。

⊙

人性很矛盾，"自尊"与"自卑"之间常常只是一线之隔。

日本人早期跟中国人一样，说西方人是"南蛮"，但是被"南蛮""轰"了之后，开始了明治维新，就一百八十度大转弯了。

如果你看过日本当时的宣传画，一定会觉得很讽刺。那画上一边画了穿和服的人，一边画了穿西装的人，然后在后者的下面写上"文明开化"。

天哪！由"南蛮"的"蛮"，到学习他们，认为西方人才"文明开化"，这之间有了多大的转变啊！

想想中国人不也一样吗？

那奇怪的"自尊"与"自卑"纠缠在一起。

早先看到中国女孩子挽着洋男人的手走，大家会偷偷骂："做国民外交的！"

可是见到中国男孩子泡洋妞，就不见得骂了，说不定还夸两句："这小子还真有两把刷子！"对不对？

人们强烈的自尊与自大，甚至固执得自我封闭。或对人充满敌意，常常是因为自卑和恐惧。

那恐惧则由于对对方的不了解以及对自己能力的没把握。

连小动物都如此。

当一只狗第一次见到你，可能对你狂吠，一副要吃掉你的样子。

它真那么凶吗？还是因为它跟你不熟，不知是敌是友，所以害怕地狂吠？

当你扔过一块饼干，甚至只是蹲下身，对它亲切地吹口哨的时候，它就可能一扭一扭、一哼一哼地慢慢靠近你。

然后，你摸摸它、拍拍它，它则开始摇尾巴，从此成为你的朋友。

⊙

人与人为敌，常是因为立场，因为认知，甚至因为面子。

人们之间的敌意，跟狗一样，常因为不知对方是敌是友，基于一种恐惧。

想想，都是人，人都有人性，都有良知，都有共识，其间会有那么大的差异吗？

今天竞选，你说东，他偏说西，这是为反对而反对，为了他的立场。

他不能讨好每个选民，既然你已经占了西边的，他只好站在东边。

他真的是只认为"东边对，西边错"吗？

竞选造势大会上开骂了，由陈述自己的政见、批判对方的政见，到人身攻击，批评对方"那个人""那群人"。

他们之间真有这样的深仇大恨吗？

当然没有！

所以，当选举结束，那些攻击的言辞就不见了；那些已经告进法院的案子就不了了之了；那些极端的政见，就一一软化，说是"还要好好研究研究"了。

假使当选的人懂得做人，主动去拜访反对阵营的头儿，你就会发现他们居然彼此竖起大拇指，勾肩搭背，互相推崇了。

⊙

"政治的可笑"和"人性的可爱"就在这儿。

政治上可以翻脸比翻书还快，握手比打架还快；两方人马还在下面对骂呢，上面的人已经开始有说有笑。

相反地，原来似乎不共戴天、水火不容的人，能够"相逢一笑

泯恩仇"，突然之间，彼此谅解了、和好了，好得比跟他原来的战友还好。

对！好得比跟他原来的战友还好。

你会发觉，当双方是死对头，后来和好之后，常常显得特别亲密。

道理很简单——不打不相识，得来不容易。

你不能没有的谅解

现在让我们回头，想想黄董事长与大楼管理员老陈。

当黄董垮了的时候，他已经改变身段，与大家攀交情，甚至主动找老陈道歉。

住户和老陈为什么不接受？

既然不接受，后来黄董东山再起，大家又为什么改变态度，对黄董加倍尊重，甚至拥护他竞选？

当你细细看了前面的论述，就应当了解——

因为黄董垮了的时候，他的示好，只会让人瞧不起，那是"贫而谄"的"谄媚"——

你黄董现在不如意了对不对？

对不起！我们也"回头不要你"，我们也不吃你这一套。

相反地，当黄董又发了，而且更发了的时候，同样的动作，感觉就大不同了——

"这人真不简单，大人不计小人过，我们以前揶揄他，甚至侮辱他，他今天能计较却不计较，他真是'富而无骄'啊！"

⊙

不仅贫与富会造成这样的差异，得意与失意也会造成不同。

今天你的男朋友变心了，交了别的女朋友，过几个月，他被那女生甩了，回头找你，你还要他吗？

相反，如果那女生爱他爱得要死，是他自己回心转意、回来找你，你是不是会"芳心大悦"？

道理很简单：

如果是前者，你再接纳了他，你是捡人家不要的。

假使是后者，你再接纳他，你是最后的赢家。

只要是人，谁不要面子呢？

⊙

同样的面子，"胜者"的面子要比"败者"的面子大得多，也容易给得多。

因为胜者已经有了面子，而且有不少面子，所以能拿出来分给别人。

你把面子分给你的对手，只可能让人觉得你有风度。

当然，给败者面子也要看时机。

今天当他败给你，他的人还围着他哭呢，你能去向他施益吗？

那动作看来只会是侮辱，是示威。

你必须等，等败者的情绪冷静了，激情的拥护者散去了，你的声望愈来愈高，他却"门前冷落车马稀"的时候，再轻车简从前去拜望。

而且你要把姿势做得极低，使他觉得你是真诚恳，使他的属下觉得"主子受到尊重"。

于是，他与你和好了，"他的人"也与"你的人"大和解了，这不正是双赢吗？

⊙

最后，我要说两件事——

据《三国演义》记载，当曹操打败袁绍的时候，在袁的帐篷里发现许多书信，其中有不少是自己军中的人与袁绍暗中通信的函件。

你猜：曹操是不是回营把那几个吃里爬外的叛徒宰了？

他没有，他把信全烧了。

当日本著名的企业家堤康次郎经营的"武藏野铁道"，在一九四五年并购了"西武铁道"的时候，他没有要被他并购的"西武铁道"改名"武藏野"，反而舍弃自己的名号，把"武藏野"改名为"西武"。

他说他的道理很简单——

"为了保住被并购公司员工的面子。"

⊙

记住——

当你获胜，除了是你最能施展抱负的时候，也是最能化敌为友的时候。

人没有永远的敌人，最重要的是你有没有那份胸怀和智慧，在获胜之后先伸出友谊的手。

全靠老同学

"这种约，我不能签！"小庆把约推了回去，"一年半完工，根本不可能嘛！单单打地基，就得多少时间？"

"喂！喂！"老李往椅子上一靠、手一摊，"你这是怎么回事啊？老朋友好不容易帮你揽个大买卖，你还……"

"你要是够朋友，就应该把时间定长一点，你明明知道我不可能做得完嘛！"

"哈哈哈，"老李笑了起来，绕过桌子，坐在桌沿上，指了指约，"要是照你说，定他个两年半，还轮得到你吗？早不知道有多少人来抢了。"他突然凑到小庆耳边，"告诉你，这叫'立法从严，执法从宽'，你想想！这事由谁管？当然我管！到时候你做不完，我打个报告上去，谁都看得出来，不可能完工，上面还会有异议吗？你呀，放心好了！全包在老同学身上。"

小庆想了想，又抬头瞧瞧老同学，看到十分诚恳的目光。深吸口气，把约拿过来，签了。

⊙

签约第二天，小庆的公司就动了起来。虽然有老同学护航，能快还是得快。只是地基才打一半，就下起倾盆大雨。

今年的梅雨来得特别早，又特别长。连着两个月，没见几天太阳。

这当中，老李也来看过两次，一面跟小庆苦笑，一面点头："你放心，只要尽力，包在我身上。"

转眼就是一年三个月了，由于日夜赶工，把梅雨延误的进度全赶回来了。

"你真不简单，做得真快。"每次老李来看，都要夸小庆几句，"照这样，可以准时验收了。"

"准时验收？"小庆跳了起来，"不要开玩笑哦！你明明知道不可能嘛！"

"那当然！那当然！多困难，我都会压着。"老李低头踱着步子，"你知道，我已经开始帮你说好话了吗？"

"谢谢！谢谢！"

⊙

只是才隔两天，就接到老李公司的电话，问哪一天可以验收。

"这个我已经向李科长报告过了！"小庆婉转地说，"进度都在掌握当中。"

"要我问李科长？"对方不太高兴，"我正在问你，照约，是哪一天完工？"

"这个、这个……"

"不要这个、这个的。现在是讲法的时代，我们什么都照约来，好吧？反正约上也写得清清楚楚，逾期未完工要怎么罚。"

小庆立刻打电话给老李，找不到。晚上又拨去老李家，对面传来一片麻将声。

"你打来，正好！"老李小声说，"长官正在我这儿，你等等，我换个电话，拨给你。"

跟着打过来，还是神秘兮兮地："我这阵子，正在给你四处打点呢！你要知道，现在情况不一样了，什么都讲法，不讲情。拿着白纸黑字，非照章办事不可。"

小庆急了："这怎么办呢？我当初就说嘛！不能签，那约根本不合理，现在如果真照约来，我就完了。"发觉自己语气不对，赶快改个调子，"拜托！拜托！你可别见死不救啊！如果有什么该意思意思的，你尽管交代……"

从这天开始，小庆白天往工地跑，晚上往老李家跑，中间还得往银行跑。

幸亏老李，真够朋友。据说他为了小庆，上上下下全磕了头。总算拖到完工，一文钱也没罚。

【想一想】

跟前面几个故事一样，这也是"抢位子"。由老李建议小庆，先把生意拿下来，约签好之后，再谈别的。好比那修屋顶的大汉，先把瓦拆掉，再说下面木板朽了。

但是，当你细看，就会发现，小庆抢的位子，是大不同的。前面许多故事的承包商，是抢下位子，吃定别人；小庆则是因为抢下位子，而被对方吃定。

想想！

小庆真没被罚吗？

只怕还是被罚了吧！没明着罚，也暗着罚。

这中间的关键是什么？

是"情与法"！

情与法的关系非常微妙。法看来是硬的，情看来是软的。但法是人定的，也由人去执行。执行的人有情，这法就有了弹性。

更进一步说，当法愈严苛，愈不合人情的时候，那执行的人，就可能变得愈重要。

古时候，堂上老爷说："给我打！一百大板！"

话固然从老爷嘴里说出来，这处罚也很可能根据了"法"，但那"打的人"，毕竟不是老爷。

于是，一百大板可以"打死"，也可以"打活"。

据说那高明的衙役，能高高举起、快快落下，却只打得表皮受

伤，完全不伤内脏。

当然，他也能看来一样打，不用五十大板，就叫你见阎王。

这衙役的权力有多大啊！你能得罪他吗？

老李到后来能呼风唤雨的道理不也一样吗？

法，一定要合理。不合理的法要修，而不能用"人情的执法从宽"来补偿。

因为在这执法从宽中，不但不能真正地"执法"，而且造成许多弊端。

同样的道理，如果你发现别人要你签不合理或你办不到的约，你必须知道，从签约的那一刻起，除非你够大、够硬，否则每一个搅局的小鬼，都可能修理你。

情与法的不够分明，是我们社会的通病。

许多人在这当中得了好处，许多人被这样吃死。

记住！

你可以要求修法，不可以故意违法。只有当"法"能公正、合理的时候，执法才会严明，弊端才会减少。

姜是老的辣

接到古先生的电话，小宋心跳到了一百二十下。

"这么大牌的制作主持人，居然会找到我。"小宋放下电话，兴奋地对老婆说，"还约我明天碰面，说要谈节目的事。"

小宋一夜没睡好，小宋的老婆也没睡好，一大早就起来为小宋熨衬衫，一边熨，一边问：

"你猜，古先生是找你做什么节目呢？"

"不知道！可以确定的是不会找我主持他的《四海心声》。"

《四海心声》是古先生的成名节目，自己的制作班底，加上自己主持。起初大家看他一定弄不成，没想到一炮而红，愈红愈有大人物愿意上，收视率也愈高，使古先生不仅在电视界，连在政治界、学术界，都成了一号人物。加上靠着关系做生意，更是愈做愈大。

想想，有谁会把自己的"成名之作"，交给别人呢？尤其是交给小宋。

当然了！小宋也是新秀，留美的硕士，又仪表堂堂、辩才无碍。大家都说他是"学者从秀"、前途无量的明日之星。

"如果古先生能提我一把，就棒了！"小宋出门时，在胸前画了个十字，又要老婆亲了一下：

"希望你的吻，能带给我好运。"

⊙

小宋果然交了好运，一个想都不敢想的好运——古先生居然真的要把《四海心声》的主持棒，交给小宋。

"我的事情多，常在世界各地跑，偏偏节目每个礼拜都得录像。"古先生两只热手握着小宋冰凉的手，很诚恳地说，"想来想去，只有你这位青年才俊够资格接，你考虑考虑。"

"哪里还要考虑？"小宋高声叫着，对电话那头的老婆喊，"我当场就接了。"

小宋接手主持《四海心声》，真像是一声雷，震动了电视界，更震动了观众。大家议论纷纷：

"小宋这么嫩，怎能接古先生的东西？"

"老古把自己打下来的江山，交给小宋，太冒险了！"

"不是小宋这样的旷世才子，又有谁接得了？放眼今天，能主持，又有学术背景的，能有几人？"

节目播出了，小宋果然主持得可圈可点。虽然有些看惯古先生的人，一时不能习惯，隔些时也就成了。

⊙

问题是，隔了好些时，节目不但收视率没提高，反而下降了。小宋四处请求，广告商就是不跟。

"老弟！这可是我的'老招牌'，你要加油啊！"古先生常鼓励小宋。只是，说归说，连古先生的制作班底，也愈来愈没劲。而且听说都去搞另一个新节目了。

《四海心声》在古先生打响招牌十年之后，终于因为收视率太差，广告又太少，而宣告结束。

小宋伤心极了，觉得愧对古先生的重托。

"没关系！没关系！"古先生拍着小宋，"连你这样的人才，都做不下去，也就没话可说了。不怪你！不怪你！"

⊙

隔不久，又传出了雷声。

古先生再度出马，开辟一个比《四海心声》更精彩的节目，而且亲自主持。

退出的广告，一下子全回来了。

古先生的班底，居然在短短两个星期当中，已经制作了好几集，还存了许多精彩的"点子"！

新节目又一炮而红。

还是古先生的魅力惊人。只是年轻的才子小宋，砸了《四海心声》那么有名的节目，成为"票房毒药"，短时间很难再爬起来了。

【想一想】

看完这个故事，你有什么感想？

古先生是很不简单，居然把他的成名节目，交给小宋。小宋也硬是在众目睽睽之下，把节目做垮了。

只是很奇怪，古先生的老招牌砸了，似乎没伤害到古先生，反证明古先生的魅力，使他更红了。

再想想，那个做了十年的《四海心声》，似乎也真是太老，该换换新东西了。

说到这儿，相信你已经找到了答案。

古先生的成名作、老招牌，怎么能在他自己的手上砸掉，那是多明显的失败啊！可是节目又该更新了，怎么办？

于是"卡位"的计谋产生。把这个已经没救的位子让给小宋吧！他做成功了，那是我古先生的节目，在我铺路下，做成功的。

他做失败了，只怪他能力不足。这么老的招牌，居然到他手上就垮了。可见还是我古先生行，还是换我来吧！

年轻人！记住！

这世界上处处有古先生，看来把最好的东西交给你，令你感激涕零。但是，你也要想想，凭什么他要给你？你是真年轻干练，足

当重任吗？抑或你只是个替死鬼？

不要忘了！尤其在你最得意的时候，切记：

天下没有白吃的午餐！

小袁的艳遇

"屋漏偏逢连夜雨。自从当局扫荡色情，晚上的生意已经不好做了，又来个周休二日，连上班族的生意也少了一天。"小袁狠狠地拍了拍方向盘，咬了咬牙，"一早七点钟出门，除了顺路把老婆送去上班，八个钟头跑下来，六百块都不到。幸亏老婆还有收入，否则连给岳父的'规费'都不够。"

想到这儿，小袁摸摸口袋里的两万块，今儿晚上又该付规费了。其实也不是什么规费，只是按时还岳父钱罢了，也幸亏有老岳父帮忙，才能买下这辆新车。

要不是新车，只怕生意更差呢！现在的客人眼睛尖得很，一堆空车，会专挑新车招手。

果然，五十米开外一个穿迷你裙的小姐已经伸出长长的胳臂。小袁猛踩油门，连超两辆车，再向右打，刷！准准地停在那小姐面前。

门开了，探进个漂亮的脸蛋，小袁心一跳。

"我要去台中！"

小袁的心又一跳："请进！"

"你有没有驾照？"小姐没进来，盯着小袁的眼睛看。

小袁怔了半秒："哦！有。"掏出驾照亮了一下。

"不够！我还要看行车执照和身份证。"

小袁有点火，但想想是跑长途，硬把火压下了，摸了半天，摸出行车执照和身份证。

⊙

"你们男人最浑蛋了！没一个好东西，我不能不小心！"车子才上高速公路，女人就开始骂，"我怎知你是不是偷车害人。"

"你为什么把人都想得那么坏呢？"小袁调了调反光镜，看到那对呼之欲出的奶子。

奶子上下起伏着："得了吧！你知道我为什么到台中吗？"

"不知道。"

"我是来上班！上班，你懂吧？一个老客户找我来，进了宾馆、办了事，他老兄居然先溜了。"拍了一下大腿，好清脆的一声，"我他妈的不但没赚半文，还丢了一只劳力士表。"用长指甲戳了戳小袁的脖子，"喂！你说，我衰不衰？"

"有……有……一点……"

"什么有一点？我衰透了！"小姐转过身，摸小袁车上挂的小熊，"这小熊不错嘛！你老婆挂的？"

小袁没答话。

"我知道绝不是你挂的，你们男人要挂也不会挂粉红色的。"小姐自言自语地说，突然转回来，放大声音，"男人都很假、很色、很坏，我以后要好好修理男人。"

"你能找到那个骗你的男人吗？"小袁笑笑。

"我？我不必找，男人会找我。"小姐靠着车门点起烟，小袁讨厌烟味，偷偷按钮，把后面车窗打开一点。

肩膀突然被狠狠推了一把："喂！你小心一点好不好？"

才发现小姐的一双玉腿，居然伸到车窗上，还正用脚尖画来画去呢。

⊙

车子没进台中市，就在一家宾馆停下，小袁心想：真是上班的小姐，出了那家进这家。

小姐没下车，坐着不说话。

小袁回过头看她，指了指计费表。

小姐双手一摊："我没钱，钱都被那王八蛋偷走了。"

"没钱?"小袁叫了起来。

"你叫什么叫?"小姐居然吼得更响，"你叫警察啊！我也是被骗的！"声音一下子又柔软了，把大大的胸脯探到小袁身边，"这样啊，看你也蛮可爱的，我换个方法谢你，好不好？算来你可是赚的哟！"

小袁可以听见自己怦怦怦的心跳。想想老婆，老婆还在台北，想想车钱，反正泡汤了。再看看这女人，还真漂亮。

⊙

小姐一进房间就去洗澡了，小袁先坐在床边，又站起来绕了两圈，听那小姐在里面唱歌，还不难听，是《金大班的最后一夜》。

"其实论货色，我今天真是捡了便宜。"小袁得意地对镜子笑笑，"一度春风。"

小姐围着浴巾出来，细细长长的腿，发梢湿湿地垂在雪白的双肩上。

"还不快去洗澡?"小姐居然动手帮小袁脱了衣服。

"真没想到能有这么个艳遇。"小袁一边淋浴，一边想"以前常听说开计程车会遇到怨妇或花痴的女人，今天总算碰上了，而且这么美。"

洗完，也围条浴巾，哼着《金大班的最后一夜》出来。

拉开门，屋子里空空的，女人不见了。

小袁大惊，床上、床下、柜子里，四处找，找不到自己的衣服。

外套、裤子、衬衫全不见了，连内衣、鞋子、袜子和浴巾都没留下。

小袁拉开门大叫。

女服务生跑来，看他光溜溜的，吓得又退了出去，换个男人跑

过来：

"要不要报警？"

"不要！"小袁一挥手。眼前浮起老婆和岳父的画面。对了！还有那两万块钱。

小袁惊恐地冲出大门，冲到停车场。

"我的车呢？"小袁疯狂地喊。

【想一想】

多倒霉的小袁啊，光溜溜地围一条浴巾，站在停车场哭喊。

车钱没了、艳遇没了、小姐没了、衣服没了。衣服里的两万多块钱和行车执照、驾照、身份证全没了。

到最后，连车子也被那漂亮女人开走了。

小袁该怎么办？他怎么回台北，又怎么向老婆和岳父交代？

就怪小袁太不小心啊！那小姐不是早说了吗？她被男人骗了，要找男人报复。说完没多久，就用那男人骗她的方法，修理了小袁。

小袁怎么没听懂呢！

当然，那女人说不定也早有图谋，否则她何必在上车前查验小袁的证件，如果不巧地，"牌照登记证"也落到她手里，只怕这时候她已经把车子开进了当铺。

她会不会心想：你们男人没一个好东西，都很假、很色、很坏，我这是替天行道。

我相信，她很可能这样想。因为做坏事的人，都会为自己的"恶行"找个"安心的借口"——

"我偷你，是因为你居然为这点车钱，占我便宜。"

"我抢你，是因为你们有钱人，钱的来路都不正。"

有了这样的借口，少则一二人受骗，多则几百万人丧生。

问题是，你反过来想，小袁难道没有为自己的恶行找个"安心的借口"吗？

他不是想"车钱反正泡汤了，看这女人，还真漂亮。论货色，还捡了个便宜"吗？

这正是我要讨论的重点。

⊙

我们常说"得理不饶人"，那不饶人的不见得是好人，更可能是坏人。今天你理亏，遇到好人都好办，如果遇上坏人，就完了。

问题是，我们常常犯小衷那种毛病，结果明明是坏人欠我们的，却因为被坏人算计，不但自己吃了大亏，而且落得坏人有话讲：

"反正你也不是什么好东西。"

不错！坏人是会算计，坏人设计坏点子，使好人产生歹念，落入他的圈套。

就像遇见"金光党"。你没有歹念，你会上当吗？

⊙

想想这些例子——

一、某人总在你门前违规停车，你气极了，去刮他的车，偏偏被他抓到。

于是，你进了警察局。

二、老板漫天要价、骗客户、造假账，你想想他的钱也得来"不义"，便在数字上做手脚，偷一笔，偏偏被他查出。

于是，你被告侵占。

三、某人明明家里有钱，却欠债不还。有一天你把他抓住，逼他还，他说"你打电话给我老婆啊！说她不拿出钱来，你们就不放我。"

你才照办，警察就上门了，你被戴上手铐，起诉的罪名是"掳人勒赎"。

结果，你非但没能讨回他欠你的钱，反而为了求他配合，讲几句有利你的话，而倒贴一笔。

四、工厂欠员工薪水，老板明明家里有钱，却恶性倒闭，你们群情激愤，把老板围起来，直到他签字承诺补贴员工损失，才放他走。

你们高高兴兴回家睡大觉，以为"平反"了。

岂知没多久，你们都被抓。不但老板"在胁迫下的签字不算"，而且你们统统以"妨碍人身自由"被起诉。

⊙

记得我在《点一盏心灯》里写过两个真实故事——

一个女人告某人强暴，辩护律师问："你有没有用力挣扎、拉他的衣服、扯他的头发？"

女人说"有"。

于是女人败诉了。因为那人是戴了假发的秃子。

还有一个故事：

某国家内乱，叛军把一批不合作的老百姓射杀了。在国际调停人来查看之前，政府军为了丑化叛军，特别将尸体的衣服脱掉，说他们是先被剥光，再枪杀的。

国际调停人看出了破绽，非但没采信政府军的指控，反而认定政府军撒谎，而倒向了叛军。

⊙

请千万记住！

当你已经"站得住"的时候，就别再添油加醋、编织任何谎言，使自己的"理直"成为"理亏"。

你一定要用合法的方式，对付那些犯法的人。而不是自己去执法，造成自己先犯法。

你尤其要防备那些小人，别让把柄落在小人手上。

当小人发现"法律"有一天居然能站在他那边，就如同被收编成"正规军"的土匪，特别残暴。

当撒旦头上有了光环，你还能不下地狱吗？

小新人与大天后

"李总！您约的那个新人小欣和我们的天后，只隔了五分钟。"张秘书盯着记事本，忧心忡忡地问，"您要不要把新人安排早一点？我怕五分钟您还谈不完耶！""不用！"李总笑笑，"不过我正要叮嘱你，天后来了，如果我没谈完，对她说万分抱歉，因为有个小歌星，家里出了事，找我帮忙，请她稍等一下。然后，把昨天我从日本带回的那个瓷娃娃送给她，说是我特为她带的。"

"那不是要送给您女儿的吗？"

"没办法啦！要请天后等啊！"

"那您何不……"

李总一挥手："别说了，我有我的道理。"看张秘书走到门口，又喊住，"天后到了，还是立刻进来告诉我一声。"

小欣来了，初入道的小女生，给人格外清纯的感觉。李总在不久前的校园民歌演唱会上，一眼就看中了小欣。

"你一定能红！"李总对小欣严肃地说，"但是必须由我们公司来栽培，我们为你砸大钱……"

正说呢，张秘书敲门进来，紧张兮兮地报告：

"天后到了耶！"

"什么？天后来了。"小欣赶快起身，"那我赶快走。"

"没关系！"李总把小欣的肩膀压了下去，抬头对张秘书说，"要她等！"

"要天后等？"小欣眼睛瞪得好大，"那不好吧！您怎能为我这么个新人，要天后在外面等？"

"没关系！我这公司里没有所谓大牌。要被造就，就不能耍大牌，她早等习惯了。"堆上满脸笑容，"坐！坐！坐！先谈我们的。如果你愿意被栽培，接受我们的训练，就先别计较收入，让我把钱全砸在宣传上，如何？"接着抽出一份合约，"你先拿回去看看，不勉强，认为满意，就签好了，拿回来给我。"

"这么快就要签了啊？"小欣接过合约，摸摸胸口，张大了嘴巴。

"不急嘛！你自己拿回去研究，问问你爸爸妈妈！"李总说着起身，拍着小欣的背，打开门。

"啊！"小欣尖叫了起来，"天后！天后！真的是你耶！你是我最崇拜的人了，能不能为我签个……"

说一半，被张秘书挡了下来："改天！改天！"说着把小欣推了出去。

另一头则见李总做成摇尾狗的样子，弯着腰、堆着笑，冲出去。

"你很大牌嘛！"天后拉着脸，"我已经等你十分钟了，你知道吗？要不看在这瓷娃娃还不赖，我早走人了。"

"哎呀！哎呀！我给您磕头，行了吧？张秘书没跟您说吗？哎！小女孩，家里有事，非求我帮忙不可。"李总恭敬地拉着门，把天后让进去，叹口气，"我这个人，有个弱点，就是天生心软。"

"这李总的心也太硬了吧！"小欣的爸爸拿着合约，摇头，"跟另两家比起来，他给得未免太少了？而且一签就是七年。"

"可是他真的很有办法哦！"小欣瞪大眼睛，"天后就是他旗下的。"

"你怎么知道他给天后什么待遇？"小欣的妈妈也说话了，"只怕他是欺负你年轻，还是跟昨天那家签吧！"

小欣先没答话，低着头想了半天，突然抬起头：

"我想还是跟李总签，我觉得他做事比较有魄力，而且他很重

視我。"

"他重视你?"小欣的爸爸问,"才见一面,你怎么知道?"

"我当然知道,你们知道当他跟我谈的时候,要谁在外面等吗?"

"谁?"

"天后!"小欣叫了起来,"我出来的时候,亲眼见到的。"

【想一想】

像李总这样"既约了人,又要人等",是社会上早有的文化。

这好比你打电话给他,就算他正闲得跷着脚看报,或坐在那儿发愣,他也不会立刻接,他要你等,等电话响了三四声之后,再用"匆匆忙忙"的语气接起来。

为什么?

为了表示他忙。

就算你是长官,除非他跟你早约好了,知道是你要打电话进来,或由他秘书先接,告诉他是你打的,他绝对要你等,使你觉得他正在忙,他没有吃闲饭。

慢慢接、急急讲

至于你是下属或外人,就更甭说了。

他晚一点接电话,不但可以装出一副"你干吗在我这么忙的时候来电",对你打几句官腔。当你说"您是不是正在忙?如果正忙,我等会儿再打过去"的时候,他假使讲"没关系,你说吧!我把事情先放下,听你的",则显示"他卖了你一个好大的人情"。

相反地,你才拨电话,响半声,他就接起来了,只怕你要问:"你是在等人电话吗?""你在等我电话吗?""你在等女朋友电话吗?"

无论你怎么想、怎么问,都让他显得"弱势"。

他怎能不要你等？换做是你，你又怎能不叫他等？

我在忙，请等一下

好！再让我们回到约会的等。

那道理也一样啊！

如果你才到，他立刻请你进去，是不是显示了——第一，他前面没有客人，也没在忙。第二，他急着见你。

再不然，就因为你是长官，是他敬畏的人物，他自己就算有天大的事，也得放下；有什么朋友，也得立刻送走，好赶着出来迎你。

你会不会因此觉得"气壮三分"？

换做你是他，不希望你有那些联想，你是不是也会要客人在外面，多多少少等一下，好比"电话响几声，你才接"？

第一次接触

连女孩子约会，都懂得要男生等的道理——

你们是网络上的朋友，第一次见面，约好了一个人拿杂志，一个人抱书包，在某地方碰面。

你会早早就抱着书包，站在那儿等吗？

天哪！你是在等着他偷偷观察你啊！搞不好，他还带了一票同学，正在对你品头论足啊！

更搞不好，他看你长得"有点抱歉"，一转身溜了，从此连网上也见不到了。

所以请问，有几个女生不懂得晚一点到？

晚一点，让他先站在那儿，东张西望，心急如焚。于是，你出现，使他如释重负、万分欣喜。

你不是一开始，已经占上风了吗？

请你脱光了等

"等"是门大学问。

医生要病人等，又希望病人觉得没等太久，他就用个方法——设许多间诊疗室，先让你坐在门口十分钟，再由护士带进诊疗室十分钟，又由护士送进袍子，要你脱下衣服换上，说医生马上就来。

如此又过了十分钟。可是虽然前后已经等了三十分钟，你却没觉得那么长。

政商界的大人物也一样，他们常有两间"预备会客室"，先让你在其中一间等。你岂知旁边还有一间，别人早在等。而他在里面还正跟另一组人谈呢！

这时候如果他叫你等，又把前一组（或前两组）客人，经过你这间，送出去，甚至介绍你们认识，你就要好好想想了——

如果你是"小的"，他送个"大款"出来，是不是秀给你看："我可是跟上层打交道的。"

如果你是"天后"，他送个"小欣"出来，他是不是像前面故事中说的，他利用你，抬高自己的身价？

一个房间四个门

正因为怕人猜。政界的人物，常在他的大办公室里开四个门，一个通厕所，两个通会客室，还有一个——直接通往外面的走廊。

那个门是他躲过客人或记者，用来开溜或送客的。使那些在会客室等待的人，不知道他前面会的是什么客人，也使大家不至于"猜疑"他在"等"这件事上，用了什么心机。了解了这一点，你就要知道，对于那些久经世事的人，即使你无心，要他等三分钟，他也会猜疑。相对的，如果你是"人物"，有可被利用的价值，就要随时小心，要你在外面等的人，有没有要手段。

打开天窗说亮话

问题是，人与人交往，何必处处用心机呢？我固然在这儿"点出"这些手段，希望你不被利用，但是真正盼望的还是建立一个互信的社会。

160

所以我建议，如果你是李总，你又无意利用天后，你就应该亲自出去，对天后表示歉意，请她稍候。你甚至应该特别开着门，使里面的客人见到你的表现。

你这么做，不是既表现了诚意，又不致令人多心吗？

再不然，你就要设那个偏门，直通走廊，使小欣见不到天后，免去许多不必要的猜忌。

至于根本之计，则是你应该绝对守时，说几点，是几点，不但显示了你掌控时间的能力，也表现了你对人应有的尊重。

想想，约好下午三点，准三点，百货公司门口的玩具钟正敲呢，一个抱着书包，一个拿着杂志的网友，一起走到钟下，是多么好的开始！

恭喜您！成了名人

好！现在让我们回到前一章结尾时说的——

"你很可能被踩了，却没有感觉。"

可不是吗？天后被李总踩了，表示"大天后我也不甩，我很权威"。

小欣看傻了，佩服李总，签了约，李总的目的达到了。问题是，天后知道吗？

她当然不知道。许多情况下，被踩的人是没有感觉的。举个例子来说：

在美国只要你稍稍有点"成绩"（还不算成就），便可能突然收到某《世界名人录》编撰小组的信。

上面首先自我介绍，说过去他们出版了多少名人录。列出人名，吓你一跳，有里根、布什，还有毕加索、张大千。

接着他表示经过调查，你有资格入选，先恭喜你、赞扬你一番，再说，如果你愿意，请寄照片、简历及购买几本名人录的支票。

那数字说出来，也吓你一跳。不过几本烫金封面、精装本的书，就要那么多钱。此外，还问你要不要入选证书？证书也是烫金的，

装在贴金箔的雕花镜框里，又要数百美金。

可是，你想来想去，天哪！能跻身《世界名人录》，跟那些了不得的人物并列，是多么"光宗耀祖"啊！

能花钱就是"大师"

这"名人录风"，也吹进了中国。

如果你是艺术家，而且十分大牌，可能有专人去拜访你，说要出版当代名家画集，希望你提供画作的幻灯片，至于"简历"，不劳烦你，你这样的名家，他们早有资料。

"要花钱吗？"你问。

"不！当然不！能请到您是我们的荣幸。"他说。

你心想，当代名家画集当然应该有你，而且不要钱，不费力。甚至当你没有幻灯片时，他们还能免费为你摄影。

何乐不为？岂能不参加？

于是隔两个月，全国的大牌小牌，叫得出名字的艺术家都收到了彩色邀请函及样张。

打开样张，全是大师的彩色作品及生平简介，其中包括你。搞不好，还有你列名顾问。

然后跟《世界名人录》一样，恭喜收信人入选，邀请他参加，只要他提供幻灯片、简历和彩色制版、印刷成本，并购买多少本作为纪念。

那些只学画两三年，还没出师的"小画家"，和画了二三十年，教了一票学生，却还画不好一棵树的"老师傅"们能不惊喜吗？

"只要我从书架上拿下这么厚厚一本《当代名家画集》，就能对学生证明我是名家。"

"瞧！老师姓张，只因为第二个字是四画，要不然就排在张大千前面了。"

就算要花掉不少银子，看在那么多当代大师都参加了，他能不参加吗？

开我财路，揩你油

现在让我们回头想想，《世界名人录》将里根列名其中，他们需要里根同意吗？

他们未征得同意，就把里根列入了，里根会去告他吗？

话再说回来，那"名人录"或《当代名家画集》，对于入选的"名人"、"大师"又有什么伤害吗？

那伤害也极为有限，对不对？

所以我说："你可能被人踩，被人利用，自己却没有感觉。"

假好人与真乡愿

当我十七年前刚到美国的时候，曾应邀在佛罗里达的一个小城举行画展。

画展揭幕那天，市长也来了。他拉着我到旁边，以一种很特殊的表情，说了一段很特殊的话，使我至今难忘。

"你知道吗？我们这个城市和台湾的某城结为了姐妹市。"他对我说，"可是，我愈来愈不知道，该怎么跟那个城市交流了。""为什么？"我问。"因为当我们去访问的时候，他们叫几千个学生列队欢迎、献花，用一长队礼车迎接，还加上警车开道。把我们吓着了，不知道他们来我们这儿访问的时候，我们该怎么安排。"市长摊摊手，"我们只是个小城，实在拿不出什么东西。结果，我们反而不敢邀请了。"

人情味的副作用

不久之后，我到达纽约，除了在学校教课，也在家里收学生。

有一天，我看到一个洋学生用的毛笔很差，建议他买好一点的。

"这已经是店里最好的了。"学生说，"老师，能不能托你帮我买一支？"

我马上就去找了一支，交给他："这支笔就送你！"

"真的啊？"学生兴奋极了。

隔不久，他又要买笔，我就又找了一支送他。说实在话，那笔没值多少钱，学生又用功，我等于给他当奖品。

只是从此。即使他的笔已经旧了，却偷偷托同班的中国学生去买，却再也不曾向我开口。

有一天我问他为什么。他很严肃地说：

"你总不收钱，我怎么还能托你买？"

把过去的两件事对照，我突然有种感触：

"难道中国的人情味，拿到洋邦，反而有了反面的副作用？"

请你照单付钱

没到美国之前，常听人说：许多中国人到了美国，别的没学会，先学会对亲友的无情，连打电话，都计时收钱。

到美国之后，有段时间，由博物馆安排，在各地旅游，并接受当地人士的接待。果然，他们也会把我打电话的账单寄来，勾出我打的长途电话。

"他们真是无情。"每次我寄钱过去，都想，"要是在我们中国，就算你抢着付钱，主人也不会收。"

只是，一天天过去，听多了，看多了，我发觉自己的想法可能并不对。

当朋友来住在家里，我不收任何电话费的时候，他明明需要讲二十分钟的长途电话，可能不到五分钟就草草结束。问题是，二十分钟的事，用五分钟怎能说得清？如果有要紧的事得讨论，又怕多花主人的电话费，而不能多谈，岂不误了大事？

于是，我改为对来访的朋友说：

"你尽量打电话，要是怕我付电话费，以后账单来了，我会告诉你，千万别因为客气，而该讲的没讲。"

我发现，对方反而泰然了。正如一位朋友说的：

"你这么做，真好！因为我到别人家做客，他们客气，绝不收电话费。害得我打电话的时候，都觉得主人在偷偷看表，结果，出来做生意，反而没做好。"

我真高兴听他这么说。只是，我心里还是多少有些不安：从国内来的朋友，是不是全能谅解呢？他们能谅解我这样做，是为大家好吗？

该拿的就要拿

有一天，读到明朝袁了凡写的《了凡四训》，其中说到两个有关孔子的故事，终让我释怀。故事说：

鲁国的法律规定，如果有人肯出钱赎回被邻国捉去做臣妾的百姓，政府都颁奖金。孔子的学生子贡，赎了人，却不接受奖金。孔子知道后就骂他说："你错了！怎么可以只为自己高兴，博取虚名，就随意去做呢？现在鲁国大都是穷人，你开了恶例，使大家觉得赎人受赏是丢脸的事，以后还有谁赎得起人？从此赎人的风气，只怕要渐渐消失了！"

书里又说：

子路有一次救起溺水的人，那人送了一头牛为谢，子路收了。孔子听说后，则大加赞赏。

了凡先生写了一段很引人深思的话：

"若所行似善，而其结果足以害人，则似善而实非善，若所行虽然不善，而其结果有益于大众，则虽非善而实是善。"又说，"例如不应该的宽恕，过分的称赞别人，为守小信而误大事。宠爱小孩而养大患……都亟待吾人冷静检讨改善。"

我发觉，其实中国的儒家思想，早就重视了"合理化"，只是后来许多人故意表现"私情"，故作有人情味的样子，或表示自己的宽宏大量，而造成"情理不分"。

假好人与真乡愿

读中国绘画史，有一段明代大画家沈周的故事，我永远不会忘。

书里说，沈周的邻居掉了东西，误以为沈周家一个相似的东西是他的。沈周知道后，就把自己的东西送过去。直到邻居掉的那个找回来，把沈周的东西归还，沈周也只是笑道："这不是你的吗？"

书中举出的这类例子很多，似乎以此推崇沈周的"胸襟廓落"。只是，每次我读到这儿，都不以为然。这真叫胸怀吗？这根本是最害中国社会的"烂好人"、"真乡愿"。

说到这儿，我又想起《论语》中的一段话，而不能不佩服孔子。

有人问孔子以德报怨好不好。

孔子回问："你拿什么去报德呢？"接着叮嘱，"以直报怨，以德报德。"

儒家"求合理"、"不过火"的中庸之道，在这两句话中，已经做了明确的表述。

问题是，深受儒家思想影响的中国人，为什么却处处忘记这个道理？

最近，一个跟英籍丈夫离婚的中国妈妈，为了把孩子带回台湾，而上了法庭。那英国人居然批评中国台湾是个没人情味的地方，说你在路上被撞死了，都没人救你。

虽然法官后来把孩子判给了母亲，那英国人的每个批评，却不能不让我们深思。曾几何时，我们这个最有人情味的民族，却成了最没人情味的？

那人情味去了哪里？

答案应该是：去了自己人的身上。

褊狭的人情味

总记得以前看过的两个电视剧——

两人在公车上抢一个座位，突然发觉是熟人，于是不抢了，你让我，我让你。

一桌不认识的人吃酒席，菜一上来，就抢着下箸。旁边一桌熟

朋友，则正好相反。菜端上来，你让我、我让你，最好吃的鸡腿，反而在一桌人的注视下，留到最后，被端了下去。

这种谦让是真的谦让吗，还是一种"褊狭的人情"？

糟糕的是，当一个人褊狭地对你好的时候，他自然期盼你能褊狭地对他好。施者总有不甘，受者总有不安。

于是，当你做大厨的时候，一定要给熟客人多加两勺。

当你做公务员的时候，一定要给熟人办事，多一些方便。

当你卖东西的时候，一定要给朋友较便宜的价钱。

而你给这人多一勺的时候，那人就少一勺；你给我方便的时候，就比较给别人不方便；你算我便宜的时候，别人就要比我多付钱。

请问，这造成的是公平，还是不公平？

不平则鸣！鸣则不宁！它对社会的好处多，还是坏处多呢？

是光荣还是尴尬

最后，让我说两个故事：

二十年前，当我太太在中山女高做训育组长的时候，一个老朋友听说，立刻兴奋地讲："太好了！这样我女儿就可以进中山女高了。"

五十年前，在上海。一位著名的评剧演员登台，戏院里座无虚席。突然进来一位"人物"，那名演员老远在台上看到，居然停下来打了个招呼。

我常常想到这两件事。心想，那位朋友难道以为靠关系，可以不参加联考，或者可以在考试中做手脚？他那样说，真是侮辱了联考。又想，那位"名角"，真能称为名角吗？一个敬业的演员，怎能在演出到一半，不顾整场观众，而停下来打私人招呼？

我更想，如果我是那位"人物"，会觉得这是光荣，还是尴尬？

我梦想，有一天，我们能公平地、真心地，以合理合法的态度，去关怀每一个人，而不是只对自己人好。

我梦想，有一天，我们不再"爱之欲其生，恶之欲其死"。而能冷静地看每一件事。

我梦想，有一天，孔子"合理化"的中庸之道，能真正在我们的生活中落实。

是谁当家

故事一：他为什么不问我

"又缺钱了是吧？"看老四走进来的样子，老大就猜到了。

果然，老四点点头，跟着一屁股坐在老大办公桌对面，弯腰在箱子里掏，掏出一份文件，递给老大。

"什么？借据？"老大眼睛瞄过文件。

"不是啦！大哥，"是买房子的资料，"最近利率低，我想买个房子……"

"买房子！"老大抬头看看四弟，点点头，"买房子是好事，总比你拿去赌来得好。"

"是啊！"老四把话重复了几遍，"是啊！是啊！是啊……"

"别是啊是啊的了，你缺多少？总不会全要我出钱吧？"

"不会啦！大哥！"老四看着桌面，"您不要把我想得那么糟好不好？我现在只缺一百万。"

"一百万？也不少啦。"老大把权状影本拿过去翻，"地点是不错……"又把权状递回给四弟，"一百万，我没有，如果八十万还行，最近你大嫂刚拿到一个末会。"

"八十万也成了！剩下二十万我再想办法。"老四高兴地把权状塞回箱子，站起身。

"去找你大嫂拿。钱在她那儿，就说我同意了。"老大拍着老四的肩膀，送他出去。

170

⊙

"他同意了?"大嫂眼睛一瞪，"他先得问我有没有钱哪！一下子要八十万，我哪儿拿得出来啊？我下金蛋哪？"

老四吓一跳，嗫嗫嚅嚅地说，"大哥说您刚收个末会，正好八十万。"

"喂！我说四弟啊！八十万，我家里不吃饭哪？外面没有等着还的钱哪？小宝在美国不缴学费啊？你告诉你大哥，我拿不出来！他要借你，他自己想办法！"

故事二：谅他不敢做主

"对不起啊！你明天过生日，我却不能陪你。"老庞拍拍儿子的肩膀，笑了，"挺结实的，真没想到，一转眼，你都二十三了，还觉得你十三呢！"想想，又大笑几声，"不过十三岁怎么开车呢？"

今天老庞急着出去开会，由儿子开车送到机场，觉得挺得意。

"你过生日，要我送你什么礼物啊？"老庞又拍拍儿子肩膀。

"什么都不要。"

"什么都不要？"老庞歪着头，看看儿子，"什么都不缺？"

"缺……缺一台笔记本电脑。"儿子微笑着，车子正好驶进机场。

"那好！就送你一台手提电脑吧！"老庞很干脆，"多少钱？"

"四万块。"

"四万?"老庞没想到那么多，"要四万?"

"新出的嘛，既然买就买好一点的，功能好。"

"四万就四万吧！"老庞把车门打开，接过儿子递来的行李箱，"找你妈拿。"正要转身走，突然想起，"对了！你可要记得，别直着跟你妈妈说。你要说：'妈！我过生日，爸爸要我问你能不能送我一台手提电脑，他说他没意见，全听您的。'这样你妈才会爽快地掏钱。"

"有这么严重吗？妈不是都听你的？"

"你照我教的去说就对了。"老庞撂下一句话，转身走了。

⊙

"什么？他要送你一台电脑？多少钱哪？"庞妈妈一惊。

"是啊！"儿子说，"是我跟他说我需要，一台新型的，四万块。"

庞妈妈又好像一惊："四万？可不少！他怎么知道我有钱？"

"所以爸爸说要我问您，您说 OK 才 OK。"

"这还差不多，这老家伙居然学会说话了。喏！拿去！这是四万。"

小伙子一怔："妈！您怎么都准备好了？您怎么知道……"

"你老子在机场已经打电话问过我啦！这么大的事，你以为他真敢一个人做主啊？"

有话好说

这两个故事的情况差不多，为什么结果有那样大的不同？

或许你已经知道答案了——

因为老四去借钱，却不会说话，开口得罪了大嫂。

但与其说老四不会说话，何不讲老大不懂得说话呢？比比看，另一个故事里的老庞，也差点犯错，表示他说了算，要儿子直接找妈妈拿钱。

但是老庞聪明，他突然想到即使是儿子，也要懂得跟妈妈讲话的方法，即使自己是一家之主，也要考虑太太的感觉。于是他停下来，特别叮嘱儿子回去怎么说，又怕这样不够，自己再打个电话回家，向太太报备。

丈夫特别打电话回家，征求太太的意见，且不论太太是不是真的实权在握，还是做个样子，那庞太太心里能不舒坦吗？

小鬼难缠

人都要被尊重。即使是个门房，今天你请他进去通报一声，也得对他客客气气。

一个毫无权力的小职员，终日躲在办公室的一角，管橡皮图章。今天你要他盖章，就算"上面交办"，非盖不可，你对他说话不客气，他也可能找你麻烦，最起码，他不痛快，他可以拖。

这就是"阎王好见，小鬼难缠"，"不怕官，只怕管"的道理啊！

训人的学问

无论位阶的高低，或谁当家、谁做主，尊重对方，永远是说话的第一原则。

就算你是顶头上司，如果你能把"喂！某某，你几点几分，给我过来一下"改成"是不是麻烦你，几点几分到我办公室"，甚至更客气地说"几点几分，我在办公室等您"，你的职员听到，能不比较舒心吗？

今天你要训你的职员，你可以当着大家的面开骂，也可以客客气气地请他到你办公室，然后关上门，小声地训他。

想想，如果你是那个职员，处在前者的情况，是不是就算长官当着大家只是"小骂"，你心里也要大不痛快，长官一走，你非背后咒他几句不可。

相反，假使是后者的情况，你就算挨了大骂，是不是还会心存感激，心想："老板真不错，他顾念我的面子，特别把我叫进来，还关上门、放小声，可见老板是爱护我的。"

训人，还能让对方心存感激，这就是"把话说到心窝里"啊！

内人不是外人

夫妻之间的尊重就更重要了。

你在家里可以是大男人，你说了算，太太只有听的权利，你确实可以不管她同意不同意，而径自做主。

但是换个角度想——

她已经没有"实权"了，你何不给她一点"虚荣"？

什么叫"内人"？

"内人"就不是"外人"！内人是你枕边人。你有事却不让她知道，她还叫内人吗？

这世界上没有比把"自己人"看作"外人"更痛心的事了——

"家是一个'共荣圈'。大家一起打拼，胼手胝足地奋斗，枪口向外，胳膊肘朝内，有什么事需要瞒着我呢？你把我看成了什么人？"

私房钱事件

算算看，有多少夫妻反目，不是都因为太太资助了"娘家"，或丈夫偷偷给了"夫家"？

"钱"常是最大的原因——我们两个人拼命省，只盼多有点，你为什么把钱往外送？

但更大的原因，是许多丈夫或妻子，不让另一半知道，而偷偷给啊！

你可以说这是你自己省下来的"私房钱"，但私房钱也是家里的钱，"你的钱虽不在我手里"，但在心理上，也是我们两个人的钱哪！

还有，你为什么事先不让我知道？你把我当成了什么人？是你内人，还是街上的陌生人？

被出卖的感觉

于是发现，那些夫妻为钱反目的，真正的原因可能不是"物质"，而是"精神"，真正的原因是"另一半没有顾念他（她）的感觉，让他（她）觉得被出卖了"。

想想，前面故事中的大哥，如果他能像老庞一样，教自己的弟弟怎么去说，又打个电话告诉太太，甚至先不答应弟弟，征求太太同意之后再说，不是好得多吗？

这大哥何止犯了没知会太太的错，他更大的错是告诉四弟"正好拿个末会，有八十万"。

换做你是他太太，由小叔子嘴里说出"您刚收个末会"，而且是在大嫂讲家里没有钱之后，你能不火冒三丈吗——

"好哇！你不但不先问问我，而且把家里的私事告诉你弟弟，要他来'糗'我，我就是不拿出来！"

实权与虚荣

愈是没"实权"的人，愈要"虚荣"。

当我写完前面老庞的故事之后，曾经把故事拿给几个熟识的朋友看，作个民意调查："今天换做是你，你已经接到丈夫从机场打回来的电话，而且已经把四万块准备好了，你是在儿子一进门就说'我已经知道了。喏！钱拿去'，还是像老庞的太太一样，把钱先收着，等儿子开口？"

我问了五个做妈妈的，五个居然都说她们会装作不知道，要等儿子开口。

为什么？

因为她们要听儿子怎么说，也可以说她们要一点做主的虚荣。

这时候如果儿子不会说话，居然讲"爸爸说他要送我一台手提

电脑，四万块，要我找你拿"。

我敢保证，绝对有好戏上演。最起码，那做妈的会脸一拉：

"我不知道啊！叫你爸爸自己来跟我说。"

刘　墉

人
生
况
味
篇

人在诈中不知诈

　　每次看见年轻人穿不合身的西服，就让我想起自己做第一套西装的惨痛经验。

　　那一年我刚考上师大，母亲主动提出要为我做套西装。

　　我四姨听说，立刻送来一套西装料，是街上一个陌生人卖给她的。陌生人自称刚由香港回来，带了几套上好的英国毛料子。没等我阿姨开口，就点燃火柴，烧西装料的一角，递到我阿姨面前，说"您闻闻，有烧毛的焦味，保证是百分之百的羊毛"。

　　我阿姨问问价钱，还可以，就买下，再转手送我了。

　　我如获至宝，拿去一家西服店请师傅量身订做。母亲陪我一起去，不放心料子，问店家这料子好吗？

　　师傅说好极了，又讲因为要做得细，不好做，所以工钱不能省。

　　隔一个多礼拜，我去试装，觉得有点垮，师傅说可以调整。

　　问题是，调整完，穿上还是垮。更惨的是我第一天穿出去，同学居然笑问我是不是穿老爹的旧西装，一副衰相。

　　我又跑回西装店，问能不能改进。

　　没想到，师傅斜眼看看我，说"够好啦！这种烂料子，能给你缝出来已经不错了。"

　　我大吃一惊，问他："你不是说料子很好吗？"

　　他又一笑："很好！当然很好，那总是块料子啊！"又说："你来做西装，我是裁缝，只管做，赚你裁缝的钱。我这儿有那么多好料子，谁让你不在这儿买？"

　　我火了，问他："如果我拿张纸来，你也做？"

"对！"他眼一瞪："只要能裁、能缝，我就做。"

我后来想通了，他明知料子差，我阿姨被骗了，可是他不说，因为他说了，我也许就不做了，使他赚不到裁缝钱。

于是，我阿姨被骗第一次，我被骗第二次。

⊙

每次听说有人住院好一阵子，不得不转院，就让我想起在我九岁时去世的父亲。

记忆中，他初病时，我每次到医院，都看见医生护士跟他散步聊天、有说有笑，好像一点没事，隔天就能回家。

只是病况一天天严重，"切片"再"切片"、"化验"再"化验"，直到癌扩散了，才不得不转到当时最好的"中心诊所"。

父亲去世后，母亲常一边咧着嘴痛哭，一边骂："都怪那混蛋医院啊！"

母亲后来有一天问我："你知道××医院为什么明明应付不了那病，却硬留你爸爸吗？"

我摇头。

"因为你爸爸住头等病房，多待一天，他们就多赚一天。"母亲说着，又掉下眼泪，"你可怜的老子，先被骗了住院钱，又被骗得丧了命！"

⊙

刚到美国不久，有一天，家里电视坏了，就打电话请人来修。

来的人把电视拆开来检查，没多久，摘出一个零件，说"坏了"，得换新的。

我问多少钱。他说要打电话回公司问，接着拨电话，报来的价钱吓我一跳。

"你可以不换，把这个扔了，再买一台啊！"维修的人说，"只是你要想想划不划算。而且如果不换，今天就要收服务费。"

我一算，买新电视得多花一百多块美金，加上服务费，共两百多，就问他："换了之后，能用多久？"

他说应该很久，我就换了。

事隔四年，我搬了家，另一台电视也坏了，找维修，来的居然是同一个人，坏的居然是同一样东西。

他又打电话问公司，报来的价钱又是"不上不下"。

我没换，正巧隔天有个学电机的朋友来，居然只花十块钱买个小零件，就修好了。

朋友笑说我差点上了当。还说他家电视也出过毛病，他懒得自己动手，找维修人员，结果跟我一样，也说要换个重要零件。

"当时我看出来不对劲，听说他要借电话，我就躲到分机偷听。"朋友说："你猜他们说什么？"

看我不懂，他笑道："这边这个拿着零件，装模作样，故意报出型号。对面那个却在开玩笑，骂一串猪生狗养的脏话。挂下电话，这边这个还演戏，说公司查了，要两百多块。"

我笑骂那朋友违法偷听电话，是"非法搜证"。

却见朋友一笑：

"我不诈，怎能抓到他的诈？我不抓到他的诈，又怎能让你不被骗呢？"

⊙

年过半百，我愈来愈发现，这世上处处有诈，只是大家多半看不出来。于是一人上当，还带着一串人上当；一个人买了假古董，还当作传家宝，传给子子孙孙；一人赌博遇上老千，还帮着老千把别的"肥羊"带去宰杀。一人听信股市作手的话，还急着告诉亲友，一起跳入陷阱。

更可悲的，愈是发不出声音，或出声也没人听的平常百姓，愈容易前面被蒙、后面被骗，还以为遇上贵人、讨到好处，成为帮凶。

⊙

如我那朋友说的——"我不诈，怎能抓到他的诈?"从负面看，其中许多"诈术"，都能成为不肖者的参考资料，只是由正面看，如果读者能因此提高警觉，不是如同注射以病毒做的疫苗，却能防毒救命吗?

所以我要说——

以战止战、以毒攻毒、以诈止诈。

愿战争带来的是和平，疫苗带来的是健康，诈带来的是坦诚与善良!

罗生门的案外案

"我不是在《工作确认单》上写得清清楚楚，必须十二号交件吗？我还特别注明，你如果有问题，要立刻提出来。"吴总火大地说："现在，你临时说要拖到十六号，我船期误了，国外客户搞不好拒收，你负责吗？"

郑老板听得脸上一阵红、一阵白，支支吾吾半天："我真的没看到！而且我还看了两遍，您会不会原来没写？"

"胡说八道！"吴总的火更大了："我没你那么糊涂，不信！你把我传真过去的东西拿来看，要是上面没写，我就认！如果写了，你非给我赶出来不可！"

⊙

郑老板居然立刻当着吴总的面，拨电话回公司，叫员工把吴总的传真文件立刻送过来。

没半个小时，就见郑老板的小舅子喘吁吁地把文件送到。

果然，上面没有吴总说的附注。原来因为传真出问题，下面有一小段没传过去，偏偏吴总要提前到十二号交货的条件全写在下面。

两个人都沉默了。就见吴总把那传真翻过来覆过去地看。一边看一边叹气、一边怨：

"郑老板！你是用什么传真机啊？还有！你可真会省钱！把用过的纸又放进去。"

"环保嘛！"郑老板苦笑，"而且钱难赚啦！能省则省。"

突然，吴总眼睛一亮，叫了起来：

"什么？这是什么？这是你给老谢的估价吗？"

⊙

郑老板从吴总那儿才回到公司，就宣布加夜班，果然在十二号为吴总赶做了出来。而且，还自动给吴总打了九折呢！

郑老板为什么屈服。非但为吴总彻夜赶工，而且降价？

因为他被吴总抓到了小辫子——

他给另一家同业谢老板的价钱，居然比给吴总的便宜。

说不定郑老板跟吴总是老交情、已经合作多年的老战友。

说不定那"老谢"是新客户。

郑老板居然对不起老朋友，反而给新客户比较便宜的价钱。

这事被吴总抓到能不冒火吗？郑老板又能不赶快道歉，甚至主动降价吗？

不是我不降价，只因你没发现

你或许想，既然是老交情，当然不会给吴老板贵的价钱。

那你就错了！要知道，商场的"利"与"义"是分得很开的。今天他可以花十万块请你吃晚饭，但是他明知道早上递给你的估价单可以再便宜五万，只要你不发现、你不提出，他多半不会主动给你降价。

很简单！是你不精明！是你不会做生意。换句话说，你吃了亏，是因为你自己犯错、你自己偷懒。

商场没有真正的定价

如果你做生意，会发现，许多业务代表来为你估价，他不立刻估，说得回去查资料。

更令人不解的是，如果今天你冷不防地要他把旧东西重新估价一次，他八成先一怔，然后说得回去找出原始文件。

如果他有个"定价"，什么东西、多少数量，必定是那个价钱，他还需要回去"查"吗？

他不估，是怕估低了，被你抓到。

什么人玩什么鸟

要知道，同一家公司，同一个人，给不同客户估价，都有不同的标准。至于换个人，那差异可能更大。

为什么？

因为权力不同。

举个例子，你去工地"样板间"看房子，喜欢，开始谈价钱。

先是带你参观的售楼小姐指着价目表跟你谈，然后小声对你说，她去试试看，能不能给你打个折。接着要你等，她跑去后面问主管。

等一会儿，她出来了，说不定还带主管出来。两个人都不出声，拿着计算机打给你看，又作势要你也别出声，因为计算机上出现的是九折的价钱。还说你是走运，正巧主管在，只有"他"才有这么大的权力，给你打九折。

问题是，如果你还不满意，怎么办？

他可能不卖给你了，只留下你的资料，说希望以后保持联系。（因为他不愿当着别的顾客的面降价。）

结果你才到家，就接到电话，那建设公司或售楼公司更大的"头目"跟你谈，一下子又降了百分之五。

令你吐血的是，可能你的朋友与那顶头老板认识，他直接找头头，一下子就是八折，还加送好多东西。

你不抗议，你先出局

商场上的价钱是没有一定的，所以才叫作"商场谈生意"。如同外交战场上是无情无义的，所以才有所谓"外交谈判"。

当你找的人权力不同，他让步的大小就不同。

当时间环境改变，价钱也跟着调整。

许多初做生意的人以为物价总在上涨，制造的成本能不涨已经不错了。

这下是"真错了"！

想想，你去年如果花五块钱请工厂为你制造，然后转手卖十块钱。扣掉人员、宣传、运输等营销成本，能赚两块钱。

今年生意不好，你降价卖八块钱，搞不好明年得再降成七块。

你赔了，难道为你制造的厂商还能坚持要五块钱吗？

你的员工都减薪了，难道为你代工的厂家还能"吃香的、喝辣的"吗？

这时候如果你不要求"他"一起勒紧腰带，就是你笨了。

他可能同情你、主动为你降价，说"有难同当"吗？

你做梦！而且到头来，你在同业当中，第一个被淘汰。

当你把文件翻过来的时候

现在回到本题——

吴总就可能没有常比价，于是当郑老板给别人降价的时候，吴总还蒙在鼓里。

幸亏因为郑老板的员工粗心，把背面印有谢老板的"估价单"，或"工作确认单"的传真拿来，被吴总看到了。

如郑老板说的，为了节省，也为了环保，许多人都把用过一面的纸张，翻过来再用。

这虽是好事，但必须小心，因为许多机密都这样走漏了。

举个例子，吴总接到郑老板的"工作确认单"（就是把商号、品名、数量、制造单价、税金、折扣、经手人等等，都打在一张单子上给客户，如果认可，就签章寄回的一种商业文书。）传真回去。

郑老板用完了，看那张传真的背面是空白的，于是翻个面，又放回传真机，接着收到谢老板传来的工作单。改天如果郑老板把那传真给谢老板看，谢老板是不是也可能在背面见到吴总的"工作确认单"？

所以，当你用影印机、印表机或"普通纸传真机"，印出文件之后，如果要把那文件翻个面再印，一定得过滤。否则就算文件不出门，也可能被你自己的职员发现"不足为外人道"的公司机密。

现代商场要用现代机器

你知道现在美国销售成长最快的事务机器是什么吗？

是碎纸机！

因为这是数位的时代，每个公司有法律责任为客户或员工保护资料。否则别人传真给你买东西的文件被偷走了，照样打进信用卡号码、名字和检查号码，就可能盗刷一大笔钱。

所以该用碎纸机处理的都不能随便扔。

更重要的是商业机密。你岂能毫无防备地把用过的文件扔在字纸篓里？还有，如果你用的是复写纸式的传真机，必须知道那用完的复写纸等于一整套复印本，别人只要对着光，就能看得一清二楚。

而门外可能正有商业间谍，虎视眈眈地等着接收啊！

隔墙有耳、隔门有眼

或许你说，你是普通小民，不是商家，无关你的事。

可是你要知道，多少人的"新信用卡"没进自己口袋，却进了

贼的口袋；多少人因为银行的"对账单"被偷走，发现其中"存款丰厚"，于是遭了威胁、绑架和窃盗。

当张爱玲隐姓埋名，连一张书桌都没有，躲在洛杉矶过她晚年的时候，又岂知外面有人把她扔出的垃圾一件件检查，甚至在她死后拿出来公布？

在这儿我建议你：

如果不能确定自己信箱的安全，就向银行申请不寄月结单，等你亲自去的时候，再补印给你，或是改成"电子月结单"。

如果你想重复使用白纸。要先检查一遍背面的内容，即使没问题的，也用铅笔画一道。（不能用蜡笔，否则会伤影印机。）

如果你没有碎纸机，机密文件一定要撕碎，而且丢进不同的垃圾桶。（譬如一张撕成八片，四片进书房的垃圾桶，四片进客厅的垃圾桶，而且分开拿出去扔。）

对不起！我可能说得恐怖了些。

但是时代不同了，我们不能没有新时代的敏锐与戒备。以诈止诈，只是教你防这"诈死人"的社会。

谎话的说与不说

这个世界上，除了非常小的孩子，大概很少有人没撒过谎。

你太太换个新发型，问你漂不漂亮，你怎么看都不顺眼，却说："漂亮！漂亮！"

你朋友病危，躺在床上说他要死了。你明知他拖不过三天，还是斩钉截铁地说："别胡思乱想！一定会好起来。"

你同事送你一瓶香水，是你最讨厌的香味，而且柜子里已经摆了好几瓶，你还是故作惊喜地说："太好了！太好了！我就盼望有这么一瓶。"

他的错，他负责

"谎话人人会说，各有巧妙不同。"所以当我讲"人生百忌，忌撒谎"的时候，你八成有意见。

那么，请听我讲我的道理。先说两个故事：

前几天，我家的暖气锅炉做保养，不保养还好，保养的隔天就淹了水，而且从锅炉间一直流到外面的地下室大厅。

打电话给那保养公司，人很快就来了。蹚着水进锅炉间看了一眼，出来说要怪他，因为有个压力的开关，打开忘了关回去。接着由他出钱找"抽水公司"，开着大车来抽水，再用干燥机烘干。

正好有位邻居是保险经纪人，我太太打电话问他，是不是该找暖气保养公司理赔。邻居说没什么损失，赔的可能性不大，但还是可以问他公司的"保险号码"，必要的时候可以申请理赔。

临挂电话，那邻居跟我太太要保养公司的电话。

"你要帮我打电话?"我太太问。

邻居一笑："不! 我要找你的公司为我保养暖气，因为这年头很少有那么诚实的人。"

丢了面子，赢了里子

再说个老故事。

三十多年前，我做电视记者的时候，有一次要到韩国采访亚洲影展。那时候台湾地区的人很难离开本地，我拿着表格，找一位位主管盖章，再经"安全室"审核，总算把章都盖完，将资料送给"中影公司"承办的一位先生。

隔几天，突然接到那人电话，说大家都递了资料，为什么没见到我的。

"我送去了。"我说，"还是您收的啊!"

"不要乱讲，我没收。"

我急了，立刻跑去找他，他还是说根本没有，我冒火，他却比我还大声，两个人对吼。

亚洲影展在即，我没办法，只好回公司从头办，一关一关去解释，重新审核盖章。

就在快办好的时候，电话响，是"中影公司"那个人的声音："对不起! 刘先生，我在桌子下面找到你的申请书，我向你道歉!"

放下电话，我真是五味杂陈，既高兴又火大。但是气归气，我却暗自佩服他，佩服他的"风骨"。

诚实走进集中营

没错! 谎人人会撒，有时候小小撒个谎，就能逃避很多问题。今天你不想上班，打电话给主管，说你病了，就能逃避一天。今天你不想交报告，说你家里有事，教授就能网开一面。今天，你对妈妈说全班都不及格，只有你考六十分，你非但不会挨骂，还可能得到赞许。

问题是，你虽然可能占外面的便宜，却可能受内在的伤害。

记得在第二次世界大战集中营回忆录里，看过一个故事。德国纳粹抓人，抓了一堆，问里面有没有犹太人，是犹太人的站出来。

明明知道自己出去，会被送去集中营，一个犹太人却毫不考虑地说："我是！"

后来有人问他：你长得那么像德国人，德语又那么好，为什么站出去？

"因为我有我的自尊！"

顺手牵羊又如何

撒谎，最大的伤害就是自尊。如同有你可以顺手牵羊的东西，保证没人看到，看到也没什么大不了，那东西又是你很需要的，你不顺手牵羊，宁愿花钱去买。

这跟你顺手牵羊有什么不同？

有！是你的自尊，是你的自许，是你的人格，是你的良心！你顺手牵羊确实可以省下钱，但是难道你的良心和人格不值那个钱吗？

同样道理，你能撒谎，不撒。明明撒个小谎就能脱身，如同"中影公司"的那个人，既然我已经重办了，又跟我吵得面红耳赤，他大可以将错就错，何必拉下脸来跟我认错？

他确实好像丢了面子、认了错，但是，他也赢得了"里子"，赢得他的"自尊"和我对他的"尊敬"。

不屑于撒谎的人

人生走过六十多年，我越来越发现，那些因为诚实而吃小亏的

人，长期下来反而占大便宜。

因为他赢得人们的信任与尊敬。

我也越来越对那些能撒谎却不撒谎的人刮目相看。

"我不撒谎，因为我很自负！"

忘记了这是谁说的，很狂，但是很有道理！

为自己留条退路

不知道你有没有看过由《贫民窟的百万富翁》导演执导的《127小时》？

那是根据艾伦·罗斯顿的真实故事拍摄的——

一位登山家，独自攀爬世界上最窄的峡谷，不幸被一块落石击中，右手臂夹在巨石和岩壁之间，他用尽方法，都抽不出手臂，眼看干粮饮水用尽，孤立无援的登山家不得不用随身的小刀插入手臂。问题是，刀太小，切不断骨头。逼得他使用更残酷的方法，硬生生把骨头折断，再一刀刀将皮肉切开，终于血淋淋地脱身。

他撑着最后一口气穿过峡谷，严重缺水，使他随时会昏厥死亡，所幸发现悬崖下有一泓潭水。

问题是，悬崖那么高、那么陡，他又只剩一只手臂，怎么下去？

幸亏他带了一条登山的绳索。

如果没那条绳索

看完整个电影，令我印象最深刻的，除了一刀刀切开手臂的血淋淋画面，就是那条绳索了。登山家用它把自己固定在峡谷中间，才能一步步设法脱身。也靠着那条绳索，他才能从悬崖垂降到下面，喝到水，找到救兵，保得一命。

其实那峡谷窄到用双手双脚撑着就能上上下下，根本不需要绳索。就算需要，也犯不着带那么长一捆。

他为什么带？又为什么索不离身？即使在断臂失血的情况下，

还不忘带着那捆绳索？

因为那是他的退路！

所有的登山家都备有"退路"。他们可能在背包里带一大块塑料布，里面裹着一盒火柴、一包盐巴和一个哨子。

当他坠崖迷路的时候，可以用塑料布包住身体以免失温；可以用火柴引火，以烤食取暖；可以在断粮时捕猎，用盐巴和着下咽；可以在无力喊叫时，吹哨子求救……

投资者的退路

所有的投资家，一定有退路。

他可能有积极的、平衡的、保守的、避险的退路。他不把鸡蛋放在一个篮子里，就算碰上金融危机，还能像前面那位登山家，保得一命，东山再起。

冒险家的退路

所有的冒险家，一定留退路。

高空跳伞，主伞出了问题，像一块石头般往下坠，突然伞张开了，是副伞！

太空船出了问题，警铃大作，接着爆炸，就在那团火焰中，飞出一个小东西，是逃生舱！

交通工具的退路

所有的交通工具都该有退路。

船上有多少乘客，就该有多少救生衣和救生筏。

大巴士除了有逃生窗、逃生钟，顶上还有可以开启的逃生门。

连火车、地铁里都有拉环，可以紧急停车。

公共场所的退路

所有的公共场所都该有退路。

旅馆把逃生路线标示在每个房间的门后。

电影院一片漆黑的时候，安全门的红灯依然亮着。

电扶梯的前后总有按钮，可以立刻停机。

球队的退路

所有的球队、剧团都有退路。

当主帅不行的时候，有人代打。

当场上正在投球的时候，"牛棚"里已经忙碌碌热身。

当 A 线主角生病的时候，B 线演员立刻接手演出。

你家的退路

人生百忌，忌没有退路！

你投资的鸡蛋在几个篮子里？如果你挺富裕，是不是该把资产像切蛋糕一样规划？不动产、股票、现金，就算一时房子卖不掉、股票不宜脱手，还能有现款应急。

你家有没有作防灾演习？如果大楼有火警，你们选哪条路逃生？你叮嘱过家人火警时不能进电梯吗？你注意过逃生梯，平常都畅通无阻吗？你作个假设，譬如家里的厨房失火，该怎么处置、怎么跑、往哪里跑吗？如果有强化玻璃窗挡路，你家的锤子放在哪里？如果有铁栅窗阻隔，能打开的是哪一扇？你跟全家约定过，假使发生火灾，逃出之后要在哪里集合，以免误认有人陷身火海，冲进去反而

遇难吗？

你家有个重要档案，写上如果你出车祸该找哪家保险公司，如果你出问题存折在什么地方，如果你有重要收藏，它们藏在什么位置，如果你有银行保险箱，是在哪家银行吗？

你平常注意急救方法吗？如果有人突然噎住，你懂得怎么急救吗？如果需要心肺复苏，你会最基本的心脏复苏术（CPR）吗？如果有人烫伤，你知道处理的方法吗？

你的钥匙有没有备份？藏在哪里，存在哪里，使你紧急时可以拿到？你告诉了孩子的学校你家的紧急联络人，使他们在找不到你的时候，可以有另外的渠道吗？

你告诉家人，如果碰上可疑的人，能用什么方法查证吗？你们有没有约定过识别的信号？

问个残酷的问题：

如果你是中央集权的一家之主，什么事只有你一个人知道，有一天，你出了意外，躺在床上开不了口，你急不急？

如果你藏了黄金在墙壁里，只你一人知道，今天你突然死了，来不及告诉你的家人，死后若有知，你能平安往生吗？

当生米煮成熟饭

说个笑话给你听，看你觉得好笑不好笑：

晚餐时太太给丈夫做了一碗意大利西红柿面。

丈夫吃了一口，大喊："太好吃了！太好吃了！"

第二天，太太又端上一碗意大利西红柿面。

丈夫吃了一口，又喊："太好吃了！太好吃了！"

第三天，太太还是端上一碗意大利西红柿面。

丈夫吃了一口，还是不断说："太好吃了！太好吃了！"

第四天，太太再端上同样的一碗意大利西红柿面。

丈夫没吃，大喊道："难吃死了！"

老美的忍功

这是我在《读者文摘》上看到的笑话。令我不解的是，我说这笑话给中国朋友听，多半的反应是："这有什么好笑？"相反地，说给美国人听，他们却各个笑得前仰后合，尤其美国的中年妇人，更是扯开嗓子大笑。

后来我懂了！因为在中国，只要老婆连着两天做同样的东西，丈夫就可能抗议了，再有修养，也忍耐不了第三天还吃一模一样的："怎么还是意大利西红柿面？"

但美国人的文化不一样，也可能他们比较假，碰上不满意的事，他们会忍，还故意装作没事，直到忍不下去的那一刻。

所以老美夫妻可以前一天还开派对宴请亲友，庆祝结婚周年，

隔天却冷冷地交给另一半一张律师的名片，然后提着箱子出门。

妻子或丈夫没办法知道，枕边人什么时候会因为"忍到不能忍"而发作。因为他们总是"相敬如宾"。

同样的道理，美国人在办公室也很会忍。

举个例子，你身体不太舒服，早上打个电话给你美国老板，说你病了。

他很可能表现出很关心体贴的样子，再三叮咛你要看医生、好好养病。

改天，你又不太对劲，再打电话请病假。

他还是一样，好关心，好体贴，好体谅！

再过两天，你又有点累，不想去，再打电话请病假。

那老板的反应果如你所料，他还是不断地叮嘱你要注意身体、好好养病。

又过一阵，有一天你上班，走到自己的座位，发现桌上摆了一个空纸箱，上面放了封信，身边站着一个警卫。你要开计算机，已经进不去了。警卫则盯着你收拾东西，然后收缴你的证件，送你出门。

搞不好你在电梯里撞上老板，他还是那么有礼貌："你好吗？最近身体不错了吧！多锻炼！祝你健康如意啊！"

日本人的"有礼无体"

日本人西化得早，他们也差不多，所以常听人抱怨日本老板是"有礼无体"。

他们在办公室里对你鞠躬如仪、问安如仪。他们在夜总会跟你一起搭肩高歌、跳舞，搞不好还私下伸咸猪手……

第二天，他们又鞠躬如仪、问安如仪，恢复领导的架势。

君不见，他们可能这边还跟美国人敬酒、互祝国运昌隆，那边飞机已经载着轰轰烈烈的大礼，飞到了珍珠港！

忌听表面的外交辞令

外交也一样，这一点西方人又比日本人技高一筹。

他们要跟你断交，绝对不露声色，大概早读了中国的圣贤书，学会了"君子绝交，不出恶声"。前一天你有国宴，他的外交官还带着老婆盛装出席，举杯祝两国邦交永固。

同一时间，那外交官的古董家具早运到了机场的仓库。

你的情报人员来报，你赶紧问他是不是有什么问题，他可以拍着你的肩膀问："可能吗？"

确实可能！他可能半夜突然找你，说他明天要"降旗"了！

忌早早露馅

"成事不说"这句话，你可以从第二人称想，说别人已经成了的事，就别多讲。你也可以从第一人称想，你自己忍了又忍、想了又想，终于决定了的事，就先别吭气。

为什么？

因为你既然已经"吃了秤砣，铁了心"，还有什么气好吭？甚至还有什么气好生？

而且如果你早早吭气，会有一大堆副作用：

今天你要某人下个月卷铺盖，他从这个月就开始卷你的铺盖，把重要的数据全卷走了。

再不然他四处托人，大姨子、小姑子、爷爷奶奶，甚至你邻居、小蜜全来了。说好话不成，就说你坏话，把你搞得鸡犬不宁。

断交也一样啊！

他早早准备，闷不吭声，说走就走。

所以当你的媒体发快报、你的举国愤慨、群众冲向他领事馆的时候，他已经在飞机上了。

你甚至要想，搞不好，连他的外交官都不知道哪天要"断"，只知道情况不好，把东西先运去机场。至于上面什么时候通知"走人"，他一点儿也没准。而且很可能一拖再拖，拖上几年。

照这么说，他在断交前一天举杯，祝两国邦交永固，又有什么错？

忌不懂老板的暗示

我说这么多，是要告诉各位上班族：

你可能出国去外资公司，就算在本国企业工作，那里也有许多人是由海外归来，曾经喝了不少洋墨水，受了不少洋气，也学到不少洋人的脾气。

加上这是个国际化的时代，连最老派的公司恐怕也不得不用西式管理。

所以你要学会"忍"，有气，忍着！偷偷评估自己的去留。也偷偷观察你的老板，猜想他会不会也正忍着，在评估你的去留。

你更要懂得西方人的暗示法，他对你的产品不满，常常只淡淡地表示，却偷偷找人替代你。所以他有一点不满，你都要了解、反应、改进，或者偷偷找人替代他。

忌话不直说

相对地，如果你是非常西化的人，到了东方也得知道，很多你的暗示，对方会听不懂。你对他说："如果你准时交件，我一文钱也不会少你的。"

他可能不懂，照样拖延交件。而当你扣钱的时候，他又急得跳起来拼命，说他想你只是说说，怎么知道会扣那么多。

碰上这种文化的差异，你不如早早明说：

"请准时交件，否则我退货"，或"迟一天，扣百分之十的货

200

款"。

同样的道理，如果你公司的餐厅，每天做出菜的味道差不多，你可别用西式的礼貌，还对厨子说："Good！Good！"

你干脆直说："味道太没变化了。"

否则，他可能为了讨好你，明天又烧同样的味道，还等着你说："Good！"

时机不同大不同

天时，地利，人和！

"天时"往往比"地利"与"人和"更重要，因为好的时机常常就是抓住了最有利的"地利"与"人和"，同样的表现，天时不同，常能造成不同的效果。

时机不同，功劳不同

譬如你参加篮球比赛，只剩十五秒了，你这队还落后一分，你是"长射手"，前面已经投进四个三分球，队友实时把球传到你手上，你出手、长射！球在篮筐上弹了一下，幸亏弹得远，正被你的队友小孙抢到，他往外运了两下，转身，虚晃一招，再跳起投篮，就在终场铃声响的那一刻，球进了！

请问，大家觉得当天赢球的功臣是谁，大家紧紧拥抱，甚至抬起来的是谁？

是你，还是小孙？

当然是小孙，因为在紧要关头，是他那球让你们赢了。

问题是，大家怎不想想，少了全队前面的任何一球，都赢不了。那功劳是属于每个人的，更何况你的四个三分球了。

时机不同，印象不同

再举个例子，你参加演讲比赛，在二十个参赛者之中，你是实力最强的，而你抽到第一号。

你上去了，口若悬河、技惊四座。裁判们各个欣赏你的表现，连你下台之后，还要交头接耳地讨论，边说边点头，表示对你的赞赏。

他们会给你几分？

九十八分？

不！虽然按说你该拿九十八分，但因为你是第一个，他们会心想，当天的选手大概每个都棒，所以才上来一个，已经令人惊讶。

于是平均给了你九十五分。

为什么不是九十八？你十足有资格拿九十八啊！

因为他们不确定下面十九个人，会不会各个都棒。你最先上台，他们还没机会比较，总得给后面留点空间哪！

好！你这第一个上台的"鹤"，下去了。

二号、三号、四号、五号……下面上来的都是"鸡"，再不然是"半鸡半鹤"，也比不上你。直到十三号，终于出现了一只"鹤"，几乎跟你一样亮眼。

裁判们开始打分数，他们不断在脑海里跟前面的十二个人比较，当然最重要的就是跟你比。十三号跟一号，哪个棒？

想来想去，差不多耶！

于是十三号跟你一样，也拿到九十五分。

下面又上来一只鸡，但是跟着出现一只鹤，哗！真行！比十三号好像……好像还略胜那么一点点。

这样吧！给个九十五点五分。稍稍比十三号多加那么零点五分。

比赛结果出来，十五号拿了第一，你和十三号并列第二。

问题是，如果当天十五号抽到的是一号，而你抽到的是十五号，结果又会如何？

恐怕得第一的是你。你确实是鹤，只可惜你第一个出场，没得到"鹤立鸡群"的机会。

忌星期一上午

虽然投篮或抽签，都有"天时"的条件，而难以掌控，但是"时机"却能由你把握。最起码你得知道不能"哪壶不开提哪壶"，避开最坏的时机。

如果一个人有"起床气"，每天早上的脾气都不好，那么他星期一早上的脾气必定最坏。

因为周末过了，虽然玩得腰酸背痛，还是得撑着去上班。更因为又要投入工作的战场，上个礼拜搁下来的事，都得重新面对。

星期一办公室的气氛多半比较凝重，而且还要开会，老大老二老三全到了。

请问，如果你想托人办事、向人请教，或约人出来，你能周一早晨去他公司，或一大早打电话给他吗？如果你打电话，他正开会，又忘了关手机……

非但你麻烦，只怕你还给他找了麻烦！

甚至连星期一下午，你都得斟酌，猜想对方的情况，因为如果时间抓不对，人家没办法跟你多说，搞不好因为早上开会才挨了训，想答应的事也没好气地对你说："NO!"

忌打扰人家办事

除非你跟对方约好午餐，或知道对方是非两点不睡的"夜猫子"，否则在中午十一点半和晚上十点以后，都最好别打电话。

否则，他不是在办公室急着办事，就是在床上急着办事。

你能这么煞风景吗？

几乎每个人肚子一饿，脾气就坏！这是动物的天性，饿了！就得找吃的，就得猎杀。

猎杀的人（或动物）当然带"杀气"。

　　还有的公司附设餐厅，大家抢饭吃，为了不碰上"盘底朝天"的窘况，好多人早早就往餐厅去了。即使碍于规定，人不去，心也去了。

　　这时候你找他，效果能好吗？

　　最近才有心理学的统计出来：

　　法官中午吃饱饭之后，判决比较有利于被告。说句笑话：搞不好，吃饱之后判的无期徒刑，换成饭前就变成枪毙了！

　　你能不多忍两个钟头，非在他饥肠辘辘的时候找"枪毙"吗？

你听我说完哪

"不得了啦！李太太，不得了啦！"赵太太上气不接下气地，也没敲门，就冲进李家、冲进厨房，"李太太！你家小毛在巷口玩，一辆砂石车开过来，紧急刹车，你家小毛就倒在车前面……"

"啊！"李太太手里的菜刀，哗的一声掉在地上，脸色苍白，直直地往外冲，才走两步，突然脚一软，颓然倒下。

"李太太！李太太！"赵太太过去摇，没反应，赶紧大声喊，"要命了！要命了！李太太心脏病犯了。"

救护车马上就到了，为李太太罩上氧气面罩，抬上车，赵太太也陪着坐在旁边，拉着李太太的手，不断地喊："李太太！你可别死，你可别急，你听我说完啊，我是说你家小毛倒在地上，大家冲过去看，看他自己又站起来了，一点没伤，真是走运哪！可是……可是……"赵太太哭了起来，"你怎么不听我说完话呢？你家小毛正和我家大宝在我家玩呢！"

有话好说

故事说完了，怎么看这都像个笑话对不对？

可是许多人就用这种方式说话，搞不好，你的职员里就有这种人。

"老板！老板！不好了，工厂把东西全弄错了、装反了，幸亏我过去，及早发现，告诉他们，已经全改好了，送到客户手上，一点问题都没了。"

请问，如果你是老板，听他的话，听到一半，会不会心跳加速，大喊一声："什么？怎么办？怎么办？"

如果你有心脏病、高血压，是不是也跟李太太一样，可能一下子昏过去？

当你发现职员说话犯这种毛病，你能不早早纠正他吗？

他为什么不说——"报告老板，货物已经送到客户手上，一切OK，不过原来差点出问题，因为工厂起先把东西弄错了、装反了，幸亏我过去发现，及时改过来。"

他说的是一样的事，半句也没少，只是把头尾翻过来，感觉不是好多了吗？

当你不想接电话的时候

还有一个常见的情况。

"我忙不完，任何电话来，都说我不在，留下姓名，再回电。"老板对秘书说。

跟着有电话进来找老板。

秘书该怎么说？

她是说："对不起，老板不在，请问您是哪位？"还是换个"次序"说："您是哪位？对不起，老板不在。"

要知道，有很多人就因为用后面的方法说话，而得罪了人。

当你先说老板不在，再问对方是谁的时候，对方不会多心。但是当你先问对方是谁，才说老板不在，对方就可能不高兴了——"是不是因为是我，所以说不在？"

脾气坏的人还可能因此当场冒火："他是真不在，还是假不在？"

所以，如果你交代部属或朋友为你接电话的时候，一定要注意他说话的方式，免得在不知不觉中得罪了朋友。

如果可能，你也可以一边忙，一边偷听着秘书的答话，假使他说："对不起，我们老板不在，请问你是哪位，有什么可以效劳的？"

接着对方报出名号、电话，你一听，是重要人物，不能错过，立刻比个手势。秘书正好接下来："啊！好极了，老板进来了。"

这种默契不是最完满的吗？

播新闻的次序

说话，最大的艺术就在同一句话你怎么说。哪件事先说，哪件事后说。尤其重要的是，你要知道如何说到重点。

当我二十四岁大学刚毕业的时候，虽然主修的是艺术，却被延揽到电视公司做记者。

由于一向爱写作，所以刚去的一个多月，我写的新闻稿都没问题，直到有一天，某国元首来访，我从下午跟到晚上，写完稿子，交上去，却被主编打了回票："重写！次序不对！哪有这样写新闻的？"

我的脸一下子红了，回问："有什么不对？我先写某元首下午几点到达的情况，再写他下榻的旅馆，最后写他刚刚接受了总统的晚宴款待。事情是按这个顺序发生的，照样写，有什么错呢？"

"新闻！新闻！最新发生的事要先写，"主编没好气地说，"所以你得先写晚宴，再回头写下午的事。"

我照改了，只是又经过好长一段时间，才真搞懂，为什么要先写最新发生的事。

先说结果，后道原委

最新的结果先写，先谈事情的原委。无论你写新闻稿或说话，多半都应该这样。

比如你看新闻，某日某时在某地，因为两车对撞，造成两死一伤。

新闻一开头，必定先简短地说"某地某时发生一起造成两死一伤的车祸"，再回头来说"今天凌晨五点，在某公路上的某段，由某人驾驶的小客车，与另一辆由某人驾驶的大货车，因为闪避不及，造成相撞的惨剧，小客车的×××当场死亡，货车的驾驶员重伤，已经送到×医院急救，肇事原因正由警方鉴定中"。

请问，他为什么不在一开头，就按照发生的次序娓娓道来呢？

因为那样不是"新闻"的播法，是"小说"的写法。更因为那样做会耽误时间，造成类似"李太太心脏病发"的后果。

你吃饭没有？

说话，要抓住"要领"，要抓住"要点"，要直指人心，要干脆。

人人都知道这个道理，可是有人说话就是不能干脆。

举个例子。

你问他："吃过饭没有？"

他明明可以直接答"没吃"，却很可能绕个圈子说："我今天早上起晚了，到中午，原来想吃，又觉得不饿，一忙，发现迟了，匆匆忙忙赶过来，所以没吃。"

如果他能懂得播报的方式，先说"没吃"再作解释，不是干脆得多吗？

如果在开会的时候，大家都能抓住要领，不是会省下许多宝贵的时间吗？

说话的顺序，可以是"技巧"，也可能是"艺术"。前面谈的都是技巧，后面我们将进入艺术的领域。

成功始于定位

最近跟几个女学生聚会。听她们讲话真有意思，譬如她们会把结了婚的同学一个一个提出来比较。比较那女生大学时候的择偶条件和后来嫁的人。各位猜，结论是什么？是女生们嫁的往往跟她早先定出来的条件非但不合，而且恰恰相反。譬如某女生说将来的丈夫得最少一米八高，没有近视，家里有钱，后来却嫁了个一米六五高、一千度近视的穷小子。最后，还没嫁的女生说："我们不敢再去挑剔别人了！只敢挑剔自己，先照照镜子，为自己定个位。"

小学的时候，我读过一篇课文——《伟人从小就看重自己》。它对我产生了很大的激励作用，使我从小就设定了较高的理想。但是今天，再读这篇文章，我却觉得一个人固然要"看重自己"，更应该"认识自己"。

认识自己并不难，我们甚至可以说，每一种生物都认识自己。你看！那长角鹿和长颈鹿，为什么宁可在旷野吃草，或伸着脖子啃稀稀疏疏的树叶，却不进入丛林？因为它们知道，善跑的长腿，到丛林就没了用武之地，善于远远眺望、躲避猛兽的颈子和长角，进入枝叶交错的树林，反而成为累赘。

再看看老鹰，为什么它们总把巢筑在悬崖树梢，而不像一般鸟类，在树林里筑巢？它们又为什么爱在空旷处的高空盘旋，却不进入密林寻找猎物？好吃的小鸟和小动物，不是多半藏在树林里吗？因为它们知道巨大的翅膀不适合在密林里翱翔，把巢筑在树林里，即使山雀都能偷袭它的小鹰。

还有世界上跑得最快的动物猎豹。你晓得它们最快的速度只能维持一分钟，然后，就得花上二十分钟才能恢复吗？我看过一个非洲野生动物的影片，猎豹追一只鹿，鹿不断改变奔跑的方向，减慢猎豹的速度。突然，猎豹停住了，因为没有力量再跑。那只鹿居然逃脱了。

人也一样啊！我在小学时有一位同学，个子不高，力气却奇大。在桌上比腕力，他几乎所向无敌。但是后来，有人发现了他的弱点。就是跟他比力气，你要拼命撑着，别让他一下子压倒，只要你能不被他按在桌子上，撑个二三十秒，再拼命一扳，就能反败为胜。果然，只要撑到最后一刻，那个常胜将军就不堪一击了。

我也记得有一次看拳击赛，评论员说的一番妙语：

"对付穿蓝裤子的，只要你能在五局之内不被他打倒，就八成能赢了。对付穿红裤子的那个，只要你在八局之内不把他打倒，你就九成要输了。"

那场拳击赛简直是交换挨打的比赛，前面几局穿蓝裤子的拳如雨下，后几局穿红裤子的占尽优势。我心想，为什么蓝裤子不保留一点体力到后面，红裤子又何不在前面多花点力气？但是看到结尾，蓝裤子倒在了地上，让我想到那位小学同学。我知道他没有错，因为他知道自己是在短时间爆发力够，却没有持久力的那一类型，对方则恰恰相反，当然他得发挥自己的长处，攻击对手的短处。

每个人都有所长，也有所短。短跑的高手，不见得能长跑。马拉松的健将，八成参加百米竞赛会不堪一击。上天把人生得不一样，就要以不一样的方法去利用自己的长处。如果你不认识自己，就八成会输。

我常感慨地想：一个人从小到大，不断筑梦。到底是愈筑愈美，还是愈筑愈惨？幼年时，你可能立志将来做总统。少年的时候改了，说自己要当医生。上了高中，功课实在跟不上，又改口要做艺术家。等有一天学了画，才画几笔，就被老师涂掉，于是脑袋空空地走出来，又试着筑另一个梦。我们认识的自己是永恒的吗？还是随着岁月的改变，我们每天都该认识自己、评估自己，甚至为自己"定位"？

如果有一天，你到好莱坞去，走在星光大道上，你会看见很多

高级夜总会，穿梭着珠光宝气的明星。你也可能看见那夜总会的旁边，有脱衣舞酒吧，里面一群色迷迷的人，围着几个发光的大圆桌子。桌子上有着美丽妖娆的年轻女子，一件一件脱，脱得一丝不挂。据说那些女孩很多都是满怀明星梦，去好莱坞淘金的。只是，有些被发掘了，跃上名利双收、万人称羡的银幕，有些去演了"三级片"，又有些，走上色情酒吧的舞台。

有位好莱坞的影星经纪人说得好——"到这里，第一件事是认识你自己。你可以把自己高估，等着星探惊艳，连配角都没演，就一下子成为主角。你也可以坐冷板凳，一年年等下去，把行情一点点降低，最后去跳'牛肉场'。再不然，你就先别太高估自己，而从跑龙套干起，好好表现，慢慢往上爬。"

在台湾也一样。当我在电视公司上班的时候，就总是不平。为什么有些年轻人从演员训练班学起，几年下来，也跃不上屏幕？又为什么有人连摄影棚都没进过，却一下子被发掘，突然当上主角？

制作人给我的答案很妙："有幸，有不幸。你如果自认为真有才华，是凤凰，就可以摆谱，非枝头不站。如果没有把握，就由树根爬起，说不定有一天也能站上枝头，变成凤凰。"

这也让我想起以前念美术系的时候，一位教授说的话："作为一个画家，画价可以由你自己定。你可以自视很高，才毕业，一张画就卖十几万。你也可以很保守，由一万块钱起标。但你知道，你定价贵可能几年也卖不掉一张，有一天突然大红，成为名家。至于标价低，可能供不应求，但从起初，就被定位成'市场画家'，一辈子翻不了身。"

他最让我难忘的一句话是："记住！从一开始就认清自己的能力，再为自己定个价。如果定错，很可能会影响你一生。"

每次看见自视甚高的朋友，一再拒绝不合他理想的职位，终于怀才不遇，或是在生活的压力下，放弃半生的坚持，做了很屈就的选择，我都想：一个人应该先看重自己，立志成为伟人呢，还是应该随时充实自己、评估自己、调整自己，为自己定个位？

刘墉

作品精选

爱之思索篇

当她赶你走的时候

一个老同学，跟他的女朋友同居好多年，终于结婚了。

喜筵上新人敬酒，敬到我这桌，老同学突然对我一拱手："谢谢你，老刘，要不是你帮忙，我们可能早分手了。"

我一怔，心想：我什么忙也没帮过啊。

"你大概不知道。"他笑笑，"有一次我们吵架，我气得回屋子打包，装好箱，拿到门口。"指指他的新娘，"她，居然就站在那儿看着，还冷冷地说：'你走啊！你走啊！我不会拦你。'就在我提起箱子要开门的时候，突然门铃响，是你。我在对讲机里说：'你来了，正好！'但是，就在你上楼的这几十秒钟，她突然冲到门口，把我的行李往里拿，手脚可真快，一下子，东西全藏好了，正好给你开门，所以你不知道。还带我们去看电影，也就这么一来，我们两个人的气全消了，没事了。你说，我们不是得感谢你吗？"

我干了杯，笑道："其实，就算没有我及时赶到，她也会把你找回去的。"

"不！"他一摇手，"我的脾气是，真出了门，就再也不回头。"

⊙

看电视，《真情指数》节目。

患了严重先天肌肉萎缩症的朱仲祥谈到他可怜的遭遇。

小时候，朱仲祥住在医院里，父母却离了婚，全靠父亲照顾，母亲很少去看他，去的时候居然还怕被别人认出来，不准他叫妈妈。

他的病愈来愈严重，四肢全变了形，不能走，不能站，不能自

己洗澡……而疼爱他的父亲却在这时突然死了。

所幸，他记住父亲的话，努力学习，运用他的智慧，在育幼院里一天天长大，还进了学校。

更幸运的是他遇见了今天的妻子，为了跟他在一起，他年轻的妻子剪短了头发，放弃了装扮，每天抱他进进出出，夜里还帮他翻身。

"我们有时候也吵架。"朱仲祥笑着说，"有一次，我太太气急了，把手提电脑扔给我，说：'你打离婚协议书啊！你不是文笔很好吗？'我也不饶人说：'好哇！请你把印表机一起拿来，要不然怎么列印呢？'她就气得哭了起来。"

⊙

大学时候，有个男同学看上了一个女生，他每天跑到那女生住的地方站岗。晴天站，雨天也站，站在女生从窗子就能看到的巷角。

那女生起初没注意，后来发现了，常隔窗看他。愈看愈嫌他讨厌，请室友去赶他走。他偏不走，每天还按时报到，那女生就把窗帘拉起来，不看他，每次要靠近窗子，都先叫别人去瞧瞧，他是不是还在外面。

一站，站了两个多月，这男生实在失望了，不再站岗。

据说那女生常伸着头，到窗外张望，看不见他，就高兴地对朋友说："好极了！'缠人精'不见了。"

隔一阵，她更得意地说："那讨厌鬼不知死到哪里去了。"

又隔一阵，她张望不到，会坐在床头喃喃自语："希望他不是出了车祸，或生了什么病。"

有一天，女生在校园看见那男孩正跟同学说话，竟主动过去问："你没出什么事吧？好久没看到你了。"

突然间，他们成为一对恋人。

⊙

我的一个老同事，跟他太太冷战了两年，两个人见到我，谈到对方，都没好话，看样子非分手不可。

"君子绝交，不出恶声。"我对男方说，"她说房子是你名字，头期款是她付的；你又说后来的分期付款是你付的。现在由我出面，跟你太太谈判，看看怎么处理财产，好不好？"

"好极了！"他很爽快地说。

我就找一天，约他太太谈，还拿出计算机，一样一样算，最后的结论是，他如果把房子过户给他太太，他太太愿意拿出两百万给他。"我这是破财消灾，愈快愈好。"他太太临走的时候高兴地说。

结论出来，我立刻告诉老同事，他想了半天，沉沉地讲："好吧！她给我两百万，我就搬出去。"

我又立刻找他太太出来，报告达成协议的好消息：

"你老公说了，你给他两百万，他就走人，棒不棒？"

我以为她一定会非常兴奋，觉得脱离苦海了。岂知，一瞬间，她的脸变白了，又突然变红，蒙着脸哭，泪水像雨一样从她双手间滴下来。

我递过一张面纸。她接过了，只是还蒙着脸呜呜地哭："真没想到，十三年了，这份情，在他心里只值两百万。"

隔天，我的老同事就把房子过户给他太太。

只是，他没向他太太要钱。

他对我说："钱对我不重要，如果我太太把房子看得那么大，就给她。"

信不信？从此以后，他们居然没再吵架。

⊙

"你走啊！你走啊！我不会留你的。"

我常想起那位老同学，如果我没那么凑巧地赶到，他真提着箱子，出了门，后来会怎么发展。

我也常想起少年时，男生之间的一句玩笑话——

"女生很奇怪！当她们赶你走的时候，常常是要你留，如果你听不懂，就别谈恋爱。"

他是我的

几乎每天都会收到慈善机构募款的信件，有基督教儿童基金、伤残退伍军人协会、盲人组织、口足艺术家、保护野生动物、心脏病变研究……他们或赠彩券，或送月历，或附小书，或夹空白贺卡，或寄成棵的小树和种子，甚至施出苦肉计——将回邮现款一并寄来，表示你如果不捐钱，就等于吃了慈善机构的钱。

今天在众多这类的邮件中，我发现了一个新面孔：

天主教男童收容中心。

除了一封信和回邮信封之外，并附赠了许多邮票式的贴笺，上面印着圣诞快乐的贺词，想必是供人们在寄卡片时封信口之用。

但这贴笺真正吸引我的，是上面的图画。画着一个十二三岁的大男孩，背着一个比他稍小的，仿佛受伤或重病的男孩子，站在雪地中。旁边印着两行小字："He isn't heavy, Father……he's my brother!"译成中文则是：他不重，神父……他是我的兄弟！

这是一句多么奇怪的话啊！看那个男孩背着跟他差不了多少的兄弟，怎么可能不感觉重？更何况走过松软而冰冷的雪地！

那是多么不合文法与逻辑的话！兄弟和重量有什么关系呢？

但那又是多么有道理的一句话，令人无可置疑地接受。

只为了他是"我的兄弟"，所以我不觉得重！

它使我想起有一次看见邻居小女孩，抱着一只浑身稀泥的小狗，弄得满身满脸都是泥浆。我问她：

"你不觉得它太脏了吗？"

"什么？"小女孩瞪着眼睛尖声叫起来，"它是我的狗!"

又让我想到在教育电视频道上，看过的一个有蒙古痴呆症孩子的家庭纪录片，那个孩子已经四十多岁，智力却停留在两三岁的阶段。白发的双亲，自己已经走不稳，每天早上仍然牵着孩子的手，送他上特殊学校的交通车，还频频向学校打听孩子的表现。

片子结尾，白发的母亲伤心落泪："只是不知道我们二老死了之后，他要怎么活下去……"

而当记者问她后不后悔养下这么一个痴呆儿，误了自己半生的幸福时，那母亲居然毫不犹豫地抬起泪脸：

"我不觉得苦！他是我的孩子！"

他是我的！他是我的！他是我的！他们都没有说出下面那个最重要的字——爱！

却比千言万语更能打动我们的心。

不要忘了你的爱

"九二一"大地震的第二天，由纽约打电话，问候台湾的朋友。

"大停电，没灯、没冷气、没冰箱、没电视。一家大眼瞪小眼。"朋友在那头先叹气，但是接着又笑了："不过，有个好处。"

"还有好处？"

"是啊！我发现儿子长高了。"朋友笑道，"没电，只好点蜡烛，儿子拿着蜡烛，我看见墙上好大个黑影，吓一跳：'天哪！你多高啦！来！跟老子比一比！'这一比，才发现，他快赶上我了。平常坐着吃饭。吃完饭又坐着看电视，没注意他，真没想到，一下子，儿子长高那么多。"

⊙

一家人参加旅行团，去加拿大的新斯科舍和爱德华岛玩。

从纽约坐飞机过去，不要一个钟头。既然距离不远，景观也就跟纽约相差无几，有些码头和住宅区跟我家附近简直没两样。

"早知道，我也办个旅行团了，专带人游览我家附近的老磨坊、渔港和湿地，说不定还能招不少人呢！"旅行结束，我开玩笑地对导游说。

"是啊！"他居然很认真，"你当然可以办，只要你把你家附近的名胜典故背一背，像我一样，到每个地方，为观光客介绍一下，就成了！"

⊙

一九九九年十月二十九号，纽约的杨基棒球队，打败劲敌亚特兰大的勇士队，以四连胜获得全国冠军。

在曼哈顿，杨基队举行了盛大的游行，成千上万的球迷穿着印有杨基标识的衣服，脸上涂着五颜六色的油彩，站在路边的车顶上，又跳又叫。

有记者问他们为什么那么兴奋。

"当然兴奋！我们每天看，他们赢，好像我们自己赢。"

⊙

相反地，肯尼迪总统的小儿子，小约翰·肯尼迪驾飞机失事了，成千上万的美国人都落下了眼泪。

电视上也播出记者的访问，问大家为什么这么激动。

"因为我们在当年肯尼迪的丧礼上，看见他，才那么小，坚强地举起小手，向他父亲敬礼、告别。"受访者说，"我们看着他长大，他好像我们的家人。我们了解他，关心他，觉得他总在我们身边。"

⊙

一个老学生听说我喜欢新派导演奇士劳斯基的电影，特别买了一整套奇士劳斯基的《十诫》给我。

我好兴奋，带回纽约，太太看见也好高兴。

可是，她每次去图书馆，照样借公家的录影带。又因为急着还，迟了就罚钱，我们总是先看那些借来的。

三年了，奇士劳斯基的那套带子摆在书架上，直到有一天，来访的朋友叫起来："哇！你们有这么一大套。"又喊："天哪！外面塑料膜还没打开。"

我们才惊讶地发现，自己最爱、想必也最精彩的，居然被遗忘。

⊙

电视里播出《安妮的日记》专题节目。

犹太少女安妮·法兰克，在一九四二年，十三岁生日时因为得到日记本，开始写日记。

就在那一年，因为德国人四处搜捕犹太人，他们一家和另外四个犹太人，躲藏到一个密室，直到一年多后被逮捕。

安妮和她的妈妈、姐姐都死在集中营，而且尸骨难寻。但是，安妮留下了这本感人肺腑的日记，以五十五种语言，在全球畅销达两千多万本。

节目里也播出了安妮的父亲，他们家在集中营唯一幸存的奥图·法兰克（Otto Frank）早年的访问影片。

"说实在话，我很少跟女儿聊天，直到看到她的日记，才了解她。"安妮的父亲说，"而今，却有数以千计的年轻人，写信给我，对我说他们对安妮的感动。"

⊙

多耐人寻味的一句话啊！

父亲要等女儿死了，看她的日记，才了解自己的孩子。但是相对的，却有那么多"外人"，对他的孩子有深深的感动。

只是，我也想，会不会那些对安妮有感动的年轻人，也像演员、歌星、公众人物的"迷恋者"，他们注意自己偶像的一举一动，反而忽略了自己的家人。

直到有一天，失散了、分离了、永别了，才有着无限的伤痛。或是直到有一天，像我那台北的朋友，因为停电，没电视看，才看到自己的孩子。

另一幕清晰的画面浮上脑海——

白晓燕被撕票之后，白冰冰哭红了双眼，对着镜头说：

"我遗憾，我居然在女儿活着的时候，没对她说过'妈妈爱你'。"

男人女人

　　"男人改变世界，女人改变男人"，男人就是这么矛盾的动物，他们一方面强大得可以改变世界，另一方面却又弱小得足以让女人去塑造，甚至连"男人"这个名词，在女人的口中，也常不得不改变它的定义。

　　"那边站着一个男人。"当女士们这样说时，那"男人"的意思可能只是个"男性的人"。

　　"你们这些男人哪！"但是当小姐们娇嗔地这么说时，句中的"男人"，则成了"自大、固执、无聊、不怀好心眼、色迷迷、又脏、又臭的大男人主义者"。

　　但是当她正色地说"你算是一个真正的男人"时，那男人，又一百八十度地大转变，成了"雄赳赳、气昂昂、有抱负、有担当、有胆识、有卓见的男子汉"。

　　男人在女人眼中，就扮演这么一个时正、时反，既多半比女人孔武有力，可以依靠，又是十足自私、不拘小节、自以为是的角色。

　　男人就是这么多变的，他们不单情易变、心易变、行为方法善变，而且眼光会变。随着年龄的增长，男人总是在变，他们不但自己变，而且被女人改变，自然变成了孙悟空——七十二变，但是到头来，还是飞不出女人的掌心。

　　从小谈起，男人是女人生的，小时多半是女人带的，他们自己虽然是男人，在长大之后也可能立志要成为沙文主义者，但是当婴儿时期，开口讲的第一句话，百分之八十是"妈妈！"

　　从此，妈妈长妈妈短，绕在妈妈的裙下，学的话，称之为"母语"；做的动作，十九有妈妈的模样；开口讲话的嗓音，更是"娘娘腔"，所以男人在六七岁之前，几乎根本就是个女人。

所幸过了六七岁，男孩变得有些"人嫌狗不在意"的顽皮，才显得有些男孩的样子，不过直到十二三岁以前，他们还是在女人社会中难以抬头。他们的身材不见得比女生高；功课八成比女孩差；参加演讲比赛，总是输给伶牙俐齿的女生；跟女生吵架之后，到老师那里去讲理，更十次有九次要输给那一把鼻涕、一把眼泪的女孩；在生理和心理的发育上，更先天要比女生晚上两年，许多女生，到了十二三岁，早已"娉娉袅袅，豆蔻梢头"地成了"小小丽人"，同年岁的男孩，却还可能蹲在墙角打弹子呢！

这种长期屈居"弱小民族"的态势，以及童年对母亲的依赖、仰望、敬畏，使得男人在幼年时期，不但没有"大男人主义"，而且多半羡慕女生，而有些"小男人主义"的样子。

所幸男人到了发育期，便要像那小公鸡，试着打鸣、报晓，声音从那尖细的嗲声嗲气，变为沉厚的破锣散鼓，喉下更长出个果核，渐渐有些男人始祖"亚当"的样子（有云男人的喉结，是亚当在伊甸园偷吃苹果，一时未吞下而卡在喉间变成的）。对女生们，也渐渐有些好感起来，但不知是否童年做弱小男性的遗毒，使多半的男人从此一直到大，多半只敢追那比他年龄小、年级低的女生，而不太出现追高年级或同年女生的情况，也就因此，同年龄的青梅竹马，到大来多半玩不到一块儿。且不谈男人，根本女人就有一种心态，觉得同年的男人是小孩，偶尔抓到一个同年的男朋友，更总是叫那男孩管她叫"干姐姐"。君不信，可以做个调查，高中、大学的女生，常有些"干弟弟"之流，而进一步问，那"干弟弟"很可能只比"干姐姐"小了三个月。

"女人向上看，男人朝下看"就是这个道理。十三四岁的女孩，可以喜欢三十岁的男人，甚至认那男人为未来的丈夫；相反，十三岁的男孩怎么也不可能去喜欢三十岁的女人，便是喜欢，也是想认"干妈"。而且这种年龄的差异，十几岁时还不明显，但是随着年龄

的增加，却会有相当大的改变。举个很简单的例子，君不见：

十八岁的女孩很可能嫁给十八岁的男孩。

二十八岁的女人，则要嫁给三十多岁的男人。

三十八岁的女人，却可能非找那五十出头的男人不可了。

这事情看起来平常，仿佛是天经地义的事，实际上，由于两性生理年龄的改变，也使得男女在社会、家庭中的态势有许多变动。

首先，我们看看社会上的变动。如果您统计一下，当会发现，即使在妇女就业率极高的社会，一直工作到六七十岁的女人，总是要比男人少得不成比例。这其中，婚姻、家庭固然是个原因，但还有一个不容忽视的道理，就是随着年龄的改变，男人与女人渐渐玩不到一块儿。

道理很简单：

三四十岁的男性主管们宴饮时，请二十多岁的属员小姐作陪。

但是二十年后，当那些男人都已五六十岁，而宴饮时，有几人会请四十岁的女士作陪呢？（他们八成还是请二十多岁的小姐。）即算是礼貌上做到，恐怕这位年已四十好几的女士，也会推辞不就。道理很简单：玩不到一块儿了。

这就是男人，他们总是朝年轻一代看，看十年、二十年、三十年，甚至五十年，他们虽然平均寿命比女人短得多，但是冲动欲望总能历久弥新，比女人们强得多，于是七八十岁仍然能捧戏子、送情书的大有人在，风月书寓也常见这些"老男生"的形迹，"十年一觉扬州梦，赢得青楼薄幸名"，只有男人，才能写出这等"老而不朽"的诗句。

也就因此，许多社会上的年轻女性，被已有相当基础的长一辈男士青睐提携了，但是相反地，几乎很难找到年轻小伙子，能被高龄的女性主管"特意"提拔。所以从经验中，女人常知道她们能被长一辈的男人照顾；男人却知道，他们要靠自己的奋斗、战斗来争取理想的地位。所以，男人的斗志，可以由少年维持到很大的年岁；女人却往往在年轻时力图保有她们的妩媚、容貌，当她们发现自己的妩媚再难以保有，不是退缩，便是改变成男人的样式。君不见，而今社会上许多年长事业有成的女士，真是不让须眉，完全男人作风。

再让我们回头看看男女在家庭中态势的改变。

男人有父性、子性；女人有母性、女性，这是不容否定的事实。男孩子爱玩骑马打仗、斗剑，女孩子爱抱洋娃娃、扮家家酒，就是他们"父性"和"母性"的表现。成年男子扑在妻子的怀里哭和那女子小鸟依人般偎在男人的身边，则是"子性"和"女性"的显露。这四种特性随着年龄及实际情况的改变，随时都可能显现。于是妙事出现了。

一对年龄相近的夫妻在二十多岁时，很可能男的扮演父亲，女的扮演女儿，也就是丈夫做保护者，妻子是被保护者。

但是到了三十多岁，有了孩子，妻子的母性发挥了出来，两人便可能扮演平等的角色，妻子减少了撒娇，丈夫也少逞了英雄。

步入四十岁，孩子大了，减少对父母的依靠，这时妻子的母性，很可能会转到丈夫身上，夫妻的关系则经常会产生两种情况：

一、如果丈夫的斗性仍强，身心仍年轻，很可能会对妻子的婆婆妈妈感到厌烦，问题也就来了。

二、如果夫妻年龄相近，这时的丈夫在"感觉上"要较妻子小，他很可能从原来扮演父亲的角色，转而扮演儿子的角色，不是成为回家不吭气、喝茶、看报、看电视、遵嘱按时乖乖就寝的好丈夫，就是成为唯唯诺诺、太太万岁、毕恭毕敬的标准PTT（怕太太）俱乐部会员。

由此可知，那有"季常之癖"的男士们，不见得是生理上有问题而怕河东狮吼，倒可能是大智若愚地将自己转换为儿子的态势，以顺应母性大为发挥的妻子，一方面伊底帕斯情结（恋母情结）得以表现，一方面免去了家中的许多斗争。妻子聒噪，只当是母亲的循循善诱、谆谆教诲，左耳进，右耳出。私房钱一毫不少地藏在办公室，薪水包分文不剩地统统缴库，老婆咧嘴一笑，但见天下太平，

而下午茶、加班舞半次不少，岂不乐哉？

至于此时，妻子们也多半瞎子吃馄饨，心里有数，但想那是猫儿偷腥的本性，"大德不逾矩，小德出入可也"，倒也常能睁只眼、闭只眼，如此夫妻，岂非"天作之合"，必当"百年好合"、"永浴爱河"？

以上所述的情况，是夫妻二人年龄相近所易造成的，至于那种老夫少妻的婚配，由于丈夫与妻子年龄相距极大，阅世广、思虑深，看妻子总有"少不更事"之感；妻子对丈夫，也总觉得有些父亲的慈爱与兄长的疼惜，将自己十分交托出去。这种婚姻中，丈夫可能从头到尾都扮演着父亲的角色，所谓"年长的丈夫体贴，懂得疼太太"，也就是这个道理。说穿了，不过是因为丈夫发挥了"父性"，生理上减少冲动，加上了解女人心理。

谈到了解，这世上真正了解男人的不是男人自己，而是女人；真正了解女人的，也不是女人，而是男人。因为男人除了知道他自己之外，很难知道其他的男人。同性之间，他们很可能高谈阔论、口沫横飞地论自己对异性的"感觉"和经验，却很少说出自己的"反应"；同性之间，很可能不掩饰自己的脏、臭和品位的下流，却几乎没有一个人会"有机会"，或愿意表现出"人性的丑态"。人们总是谈自己勇武矜持的一面，以矜夸于兄弟姊妹之间，有谁会讲述自己乞怜和放荡的情状呢？相反，在异性的面前，人们先是拿出最优雅的外表，但在那衣冠之后，却时时隐现着禽兽的面貌。这禽兽的样子，同性难能见到，异性却常得窥，所以会有许多女人说："当男人讲上一句话时，我都已经能猜到他的下一个举动了。"她们猜到的是什么呢？很简单：

"人性！"

了解人性是最可怕的事，因为这世界是人，也是人性的产物。人尽管各自不同，人性却是一致的，所以年龄长的人对异性来说，比年轻人更来得危险，因为他们了解人性，年轻人所说的"女想男，隔层纱；男想女，隔层山"，到那了解人性者的心中，可能就成了

"女想男，隔层纱；男想女，也隔层纱"，也就因此，他们能更直接地揭开那层纱，那表面的体贴、温存、大方、周到、礼貌、绅士、挪椅子、铺餐巾、让位、开门、欠身、行礼，乃至浅笑、清话、沉吟、耳语，一切让少女倾心的举止，都是他们经验的累积，而最基本的——他们更了解人性，更了解异性的心理。至于同是中年的异性相遇，由于彼此腹中明白，事情就变得更直接了。

由小生以上这番宏论分析，可以知道：男人们从小就被女人塑造，他们发育得迟，但是衰退晚，他们由"弱小民族"成为"强势品种"，由"小男生"成为"大男人"。这期间，不论他们是成为父兄型的女性保护者，抑或孩子型的被保护者，或"入则孝、出则戏"的偷食者，在基本上，都是由于男女生理发展的差异，而实际上，都表现了根本的人性。

小生此番大胆揭示开来，诸男士不可不读，女士更不可不细读，保证熟读三百遍之后，能了解什么是男人、女人，以及那重要的：

"人""性"！

多情却似总无情

妻的眼睛不好，所以自从到美国，就常去看一位眼科名医。

每次从诊所出来，妻都要怨："看了他十几年，还好像不认识似的，从来没笑过，拉着一张扑克脸。"

有一天去餐馆，远远看见那位眼科医生，他居然在笑，还主动跟妻打招呼。妻开玩笑地说："真稀奇，我还以为你从来不会笑呢！"

眼科医生笑得更大声了，突然又凑到妻耳边，小声地说："你想想，看病的时候我能笑吗？一笑，一颤，手一抖，镭射枪没瞄准，麻烦就大了。"说完，又大笑了起来。

饭吃一半，那医生跑过来，举着杯敬妻。脸红红的，看来有几分醉了。喝下酒，话匣子打了开来：

"你知道在美国，医生自杀率最高的是哪一科吗？"他拍拍自己的胸脯，"是眼科医生！"停了几秒钟，抬起红红的眼睛："想想！揭开纱布，就是宣判。看见了？看不见？你为病人宣判，也为自己宣判。问题是，前一个手术才失败，下一个病人已经等着动刀，你能伤感吗？所以我从来不为成功的手术得意，也不为失败的手术伤心，我是不哭也不笑的。只有不哭不笑的眼科医生能做得长，也只有不哭不笑的眼睛看得清，使病人的眼睛能哭能笑。"

他这几句话总留在我的脑海，有一天在演讲里提到，才下台，就有一位老先生过来找我。老先生已近八十了，抗战时是军医，他拉着我的手，不断点着头说：

"老弟啊！只有你亲身经历，才会相信。那时候，什么物资都缺，助理也没有，一大排伤兵等着动手术，抬上来，开刀，才开着，就死了。没人把尸首抬走，就往前一推，推下床去，换下一个伤兵上来。"

我把眼睛瞪大了。

"是啊！"老先生很平静，"死人可以等，活人等不及啊！有时候手术台前面，堆了一堆尸体。救了不少，也死了不少。你能伤心吗？你有时间去哭去笑吗？所以，只有不哭不笑的人能撑得下去，只有不哭不笑的医生，能救更多人。"

⊙

到深山里的残障育幼院去。才隔两年，老师的面孔全不一样了。

"一批来，一批去，本来就是如此。"院长说，"年纪轻轻的大学毕业生，满怀理想和爱心到这里来，抓屎、倒尿，渐渐把热情磨掉了，于是离开。然后，又有新的一批跟上来，不是很好吗？"

说着，遇见个熟面孔，记得上次我来，就是他开车送我。

"王先生是我们的老义工了。"院长说。

我一怔，没想到那位满脸皱纹、皮肤黝黑的中年人，竟然是不拿钱的义工。

"他在附近林班做事，一有空就来。水管破了，今天他忙死了。"

"他是教友吗？"

"不！他什么都不信。他只是来，只是做，做完就走，隔天又来。你不能谢他，他会不好意思。只有这种人，能做得长。"

⊙

到同事家里做客，正逢他的女儿送男朋友出国，两个人哭哭啼啼，一副要死的样子。

"年轻人，太爱了，一刻也分不开。"同事说，"只怕很快就要吹了。"

"这算哪门子道理？"我笑道。

"等着瞧！教书教几十年，我看多了，愈分不开，变得愈快。"

果然，半年之后，听说两个人吹了。都不再伤心，都各自找到新的恋人。

想起以前研究所的一位室友，不也是这样吗？

刚到美国的时候，常看他打越洋电话。在学校餐厅端盘子，一个钟头三块钱，还不够讲三分钟的电话。

常听两个人在电话里吵架，吵完了哭，哭完了又笑。

女孩来看过他一次，也是有哭有笑。激情的时候，把床栏杆踢断了；吵架的时候，又把门踹了个大洞。

只是，当女孩回台湾。他神不守舍两三天，突然说："才离开，就盼着再碰面；才碰面，心里又怕分离。爱一个人，真累！"

然后，他去了佛罗里达，不久之后结了婚，娶了一个新去的留学生。

⊙

少年时，我很喜欢登山。

记得初次参加登山队，一位老山友说：

"我发现在登一座高山之前，那些显得特别兴奋的年轻人，多半到后来会爬不上去。因为他们才开始，心脏就已经跳得很快，又不知道保存体力。倒是那些看起来没什么表情，一路上很少讲话，到山顶也没特别兴奋的人，能登上一座又一座的山峰。"

也记得初登山时，常对着群山呼喊，等着听回音。有时候站在几座山间，能听到好几声回音。

有一次正在喊，一位老山友却说：

"别喊了！浪费力气。真正登到最高峰，是没有回音的。"

不知为什么，最近这两段老山友的话，常袭上我的脑海。我渐渐了解什么是"多情却似总无情"、"情到浓时情转薄"，也渐渐感悟到什么是"太上忘情"、"情到深处无怨尤"。

只有不喜不悲的人，能当得起大喜大悲。也只有无所谓得失，不等待回音的人，能攀上人生的巅峰。

不要累死你的爱

从台北回纽约。

在出境大厅里看见一对情侣抱着痛哭，男孩子都排到验关了，却又跑回头，冲了去，搂着女朋友哭。

好不容易，出了关，还看见他隔着玻璃对着女孩子喊："求求你！别哭了！你再哭，我就不走了。"

接着是手提行李检查，见他一个劲地擦眼泪，差点把照相机忘在检查站。

上飞机，居然那么巧，他就坐在我旁边。

他不哭了，可是眼睛还有点红。张着红红的双眼，跟空中小姐要了杯饮料，又要了一包坚果，不断往嘴里送，还一个劲地朝机窗外张望。大概想再看爱人一眼。

飞机起飞了，是进餐时间，他居然要了两次香槟，把东西吃得一干二净。

"你的胃口真好。"空中小姐幽了他一默。

"是啊！"男孩子居然笑嘻嘻地答："还有没有？我还能吃。"

我也对他一笑："刚才在机场，看见你，挺激动，依依不舍，是未婚妻？"

"噢！"他脸红了一下，"是女朋友，不好意思，被你看见了。"

"好点了吗？"我关心地问。

他居然哈哈一笑："好太多了！"隔了几秒钟，又耸耸肩："哎呀！爱得累死了，走的时候是伤心、是舍不下，但是真走了，倒好像放下个大包袱，从没这么轻松过。"

⊙

"我最恨人请客，尤其恨那种不但请我，还派车准时来接我的人。"一个商界的大老板对我说。

"天哪！你真没良心。"

"是啊！我也知道，我是不知好歹，没良心！可是没办法。"他摊摊手，"那些人以为他们是对我好，哪儿知道，反而增加我的心理负担。"

"为什么？"我问他。

"因为平常我就算自己告诉自己可以准五点半下班，可是看看这个，摸摸那个，一拖就是六点半，如果事情还没弄完，就再往下拖，反正老婆孩子可以先吃。但是，"他眼睛一瞪，"朋友约就不成啦！尤其车子在外面等，就算他说不急，我可心里急啊！结果死命赶，一堆事没弄完，整个晚上心都不安。所以，我常一边赶，一边骂那些热情的朋友：'有一天，我出了错，垮了，全是你们害的！'"

⊙

老同学，夫妻又吵架了，原因居然是"分枣"，多稀奇啊！好像"孔融让梨"的故事。

"有人送我们一包北京带来的新鲜枣子，又大又甜。"做丈夫的说，"我们先让孩子吃，规定一人吃两个，剩下两个给爸爸妈妈。"

"是啊！"做太太的抢过话，"就那么几个枣儿，孩子最没良心，把大的、红的，都挑了，剩下两个最丑最小的给我们。"

"对！是最小最丑，结果我挑了其中最差的一个，不错吧！"指指老婆，"结果，她居然还不高兴，说话没良心。"

"什么没良心？"他太太一瞪眼："你拿小的就拿了吧！我又不是瞎子，何必拿了之后还说呢？好像对我邀功，表示多大恩典似的。你怎不想想，我偷偷把多少好东西让给你，我怎么不说啊？"

那丈夫立刻跳起来，指着老婆："你不是说了吗？你现在不是又说了吗？你当时不就这么回我吗？"

⊙

"压力好大，移民少年六度寻短。"

报上好大的标题。

内容是台中市一个十七岁少年，全家移民美国，父母工作辛苦，动不动就对儿子说："我们都是为了你。"有时候父母忙累了，为晚上吃什么吵架，他息事宁人，就提议干脆吃麦当劳。可是吃完麦当劳，父母又要说：

"都是为了你，我们才吃麦当劳，你还有什么不满意？"

这孩子实在受不了了。六度想自杀，有一次已经走到铁轨旁边，才被母亲拦下，并且趁暑假，把他送回台湾就医。

看这新闻，我心想，怎么看医生？医生又能怎么说呢？真正有问题的不是这孩子，是孩子的父母啊！

多年前，在台北成立了"青少年免费咨商中心"，好多像这样，有问题、要自杀的孩子，都由父母陪着来跟我"聊聊"。

我带着孩子在里面谈，做父母的在外面等。

谈完，走出去，孩子原本已经轻松的眼神，碰上那焦躁的父母，立刻又变得不安。

"我们这么疼他、听他的！""他真是没良心！""他也不想想父母为他花了多少钱……""我们太爱他了，把心都挖给他了……"

几乎每个孩子的父母，都在那"沉得像铅块"的眼神下，说出这些句子。

他们岂知道，如果他的孩子就要溺水，他们的这些话，也正像铅块，只可能让孩子沉得更快。

⊙

这世上最重的是什么？

不是金，也不是铅，是爱！

爱是只能付出，不能问的。最伟大的爱，甚至在付出的时候，都应当避免让对方感觉，免得增加对方的负担。

爱一个人，多像为他准备一个旅行的背包啊！要考虑他的需要，为他准备足够的东西；又得小心背包太重，重得他背不起来；就算背得起来，也走不远。

为了走远，他甚至得一路扔，扔掉你的爱。

想起飞机上那个男孩子的话：

"爱得累死了……真走了，倒好像放下个大包袱……"

于是，我想到一句意味深长的话：

"不要累死你的爱！"

当你们不得不分的时候

有个老学生，结婚没多久，就跟他太太吵架，一吵架，两口子就找我评理。妙的是，八年下来，我已经不记得为他们调解了多少次，每次只要我把两个人分别拉到一边，劝几句，两个人就好了。有一天，那男生甚至说："老师！您知道吗？我跟我太太能维持到今天，全靠您。"只是最近，这句捧我的话，突然变了调：

"老师！要不是为了您，我早跟她离婚了。"

我当时一怔，问他：

"你离不离婚，干我什么事呢？"

"当然与您有关，每次我想到您过去为我们花了多少时间、费了多少唇舌，就把气吞下来了。"学生说。

我笑笑，问他："那么有一天，你如果气坏了，气得脑溢血，也是我这老师的错喽！"

⊙

最近，他们两口子闹得更僵了，我劝了几次，无效，特别给男生写了封信，觉得还有几分道理，也说出一些怨偶的问题，把它刊出来，供大家参考——

亲爱的××：

今天我很伤感，因为发觉你们可能非分开不可了。

但是我这个伤感，又能变得很平静，因为"哀莫大于心死"，我知道劝了八年，到今天，我是真正的"无能为力"了。

其实在你们两口子的身上，我更看到了这种心死，是你们的心死，使我知道"时间到了"！

回顾过去的八年，你常来我这儿说她的不是，她也跟我数落你的不对。每次你们来，都有着激动，都讲自己的"有理"和对方的"无理"。

我每次也都静静听，然后为你们分析，两个人的"有理"和"无理"，你们似乎都能听得进去，各让一步，彼此道歉，甚至接着去看电影。

你以为我"调停"成功，真是因为"说得有理"吗？

错了！我必须告诉你，这世上谁都能讲理，就是夫妻不能讲理。因为夫妻之间，有个比理更大的东西，就是"情"。

凭什么两个八竿子打不着的陌生人，甚至家庭背景、知识水平完全不同的人，能够没几天，成为世界上最亲密的终身伴侣。

这终身伴侣、夫妻关系、男女"接触"，实在是整个社会最基本的结构。有了它，组了家庭，有了孩子，置了产业，彼此扶持，人类的文明才得以展开。

但是无论人类变得多么文明、多么进步，却始终无法改变那最基本的"结合要素"，也就是——爱。

男女的结合，绝对是因为爱，而很少是因为理。也就因此，当夫妻之间能够讲理的时候，实在因为有爱；当他们之间的爱产生变化，理也就很难说了。

相反的，当夫妻真正冷静下来，一五一十、一百一千地算计财产、评论是非的时候，那爱也就不知道跑到哪儿去了。

所以有人说："朋友容易维持，夫妻难于相处。"又讲"相爱容易，相处难"。这当中的道理都是因为朋友之间能讲理，夫妻之间讲理却难上加难。

说到这儿，你应该明白了，我为什么不再为你们调解，不再为你们说理。

因为我发现——你们之间已经没了爱。

☉

想起八年前，你们热恋。那时候，你大概因为工作太累，有严重的口臭。

有一天，我坐你的车，她坐在前座。每次你说话，我虽在后座，都可以感觉你的口臭。可是，一路上，我却看见她不断偎在你的肩头。

我当时想，天哪！她怎么好像嗅不到你的口臭。但是跟着，我想通了——因为她深深地爱上了你。

隔一阵，你们果然结婚了。参加你们的婚礼，你笑嘻嘻地四处敬酒，口臭没了，脸色红润了，连皮肤都变细了。我还听说，她一次为你买了五套西装。

你记得吗？我那阵子常问你，"谁给你买的皮带？""谁为你挑的衬衫？"

你的答案全是"她"。

我发现你的品位进步了，你整个人的感觉都不一样了。为什么？因为爱。

☉

或许你要怨我，既然已经觉得你们会离婚，又何必重提往事。

我是存心要提的。因为当我发现你们彼此不再有感觉、不再有爱的时候，你们也就开始怨、开始恨、开始"否定往事"。

一个人否定往事，有什么好处呢？那往事是你的黄金时代，当你把自己的青春岁月、黄金时代，全说成"瞎了眼"、"白过了"的时候，对于你的人生，有什么正面的意义呢？

成熟的人承认错误；成熟的人，不否定过去，即使譬如"昨日死，今日生"，那昨日依然曾经存在。

所以，在这个看来已没有情的时候，你还是应该冷静下来，想想过去的恩。

⊙

谈到"冷静"，我很欣赏西方国家在离婚之前先分居一段时间的做法。因为我发觉正如流行歌曲说的，"思念总在分手后"，当两个人不再天天聚首，生活上平淡了，环境上冷清了，也就能静下来重新想想过去的种种。

所以你注意的话，会发现许多离了婚的人，刚分开的时候会骂得对方一无是处，日子久了，却可能渐渐改变观点，检讨自己的不对。

还记得吗？你在学校读过的古诗——

"上山采蘼芜，下山逢故夫。长跪问故夫，新人复何如。新人虽言好，未若故人姝。颜色类相似，手爪不相如……"

这不是正讲新不如故吗？

还有，前些时过世的美国棒球之神狄马乔，他在跟玛丽莲·梦露离婚之后，仍然处处护卫着她。在梦露被关进精神病院时，是向他求救，并由他到医院拍桌子大吼："把老婆还给我！"

梦露死后，是谁每天派人送一朵新鲜的玫瑰花到墓前？

是狄马乔啊！

⊙

想想这些人，他们离了婚，也可能在离婚之前反了目，但是情没有了，仍然有恩。为什么有恩？

因为他们没有否定过去相爱、在一起的日子。

这也就是为什么我建议你搬出去的原因。搬出去，使你能冷静；搬出去，更能给你空间，有空间思想，也有空间修补你心灵的创伤。

对的！心灵的创伤。

离婚的人，无论错在何方，谁都没错，或谁都错了，受伤的总是双方。

如果你受了伤，还天天面对面，那伤口就总是被揭开，难以愈合。所以天天冷战，住在一起，却形同陌路的夫妻，远不如分开，对彼此的伤害少。

正因此，当你说你坚持不签字，不搬走的时候，我说那不够聪明。

你可能想："你要我死，我也要把你拖下去死。"

问题是，你真拖得下去吗？当有一天，你拖累了，自己又不想死的时候，自己却也已经老了。

你以为可以占着那个巢，冷战到底，不给她好日子过，岂知自己也因此没了好日子，甚至失去了机会。

更重要的是，我们应该活在宽恕之中，还是活在仇恨之间？你们既然没有孩子，发现实在处不来，而且没了情、没了感觉，何不大大方方地给彼此一个空间，也给彼此一些机会？

⊙

"君子绝交，不出恶声。"夫妻离异，也应该不出恶声。如我前面说的，夫妻之间常不能说理，因为有个"爱情"总挡在中间。当有一天，居然能一桌一椅地分财产，才真正是没了爱情、可以讲理的时候。

你说你们之间已经完全没了爱，现在可以说理了，就不要再作意气之争，去论谁是谁非了吧！

论出来是非，又有什么用？有讨得回的公理，难道也有讨得回的爱情吗？

如果要论理，就静下来，谈谈分居的事吧！谈谈怎样把两个人分开的伤害减到最小，也想想怎样把夫妻的爱，转移为朋友的情。当你们能平静、泰然，以朋友相待的时候，不单你们见面容易，四周的朋友也会觉得轻松。最起码，有一天，你们在我这儿相遇，我

不会不知所措啊！

⊙

写到最后，我要说个去年在美国《世界日报》上看到的报道：

在英国，有一对离婚二十年的夫妻，居然每年一起旅游十几回，总共旅游的次数已经达到一百五十次。他们是在离婚后半年，开始在电话中谈到可以一起出去逛逛，而开始旅游的。于是两个人一同计划、一同用夫妻的名义订房间。

看了那则报道，我常想，这对夫妻是真不相爱，还是不能相处？是不能相处，还是不能朝朝夕夕柴米油盐地在一起生活？

希望分开之后的你们，有一天能够重相聚，就算不能再一起生活，也能一起像那对英国夫妻般，成为一同出游的朋友。

当然，我也祝福你们各自找到另一片天空，然后四个人来我家，有说有笑。

那将是多有风度！多么热闹！

一生能有多少爱

自从二十多年前，我开始到各学校演讲，就常被问到同一个问题——"你对中学生谈恋爱的看法如何？"

每次这问题被提出来，必定引起全场的掌声，也必然会让台下的老师瞪大眼睛。

我知道那些老师希望我斩钉截铁地说："不赞成！"

我也知道那些学生都希望我十分开明地答："当然可以！"

在这两难之间，我总是很巧妙地说：

"爱是一种责任，你要付出爱，你就要负责。问题是，你现在有能力负责了吗？你有收入吗？你能独立吗？你会不会连早上起床，都还要父母催？如果你对自己都不能负责，你怎么去谈恋爱？如果你的男朋友、女朋友对他答应爸爸、妈妈的事，都不能负责到底，你又怎么能把心交给他？"

简简单单几句，既有道理，又像打太极拳，虚中有实、实中有虚，我是谁也没得罪。

⊙

去年秋天，我去昆明，在一所大学演讲。

演讲完，又有学生提问，跟台湾的学生一样，那学生也问："您对大学生谈恋爱的看法如何？"

我怔了一下，发觉不能再用以前的答案。因为经历了这些年月，我的观念改了。

我笑笑，反问他："你觉得大学文学跟一般文学有分别吗？你觉

得大学作曲家和一般作曲家不一样吗？广义地说，文学就是文学，音乐就是音乐。同样的道理，为什么把恋爱分成中学生的、大学生的？恋爱就是恋爱，不是'大学生谈恋爱'，是'人在谈恋爱'呀！"

我得到了全场四千多人的掌声。

⊙

可不是吗！从小到大，我们把自己装在一个个小框子里，说自己属于哪一班、哪一组、哪一种学样、哪一种人，已经够刻板的了，难道连谈恋爱这件事，也要画在小框框里，说只有到了"某一天"，才能恋爱吗？

如果恋爱这么容易规范，也就不叫恋爱了，从古至今，也就不会有那么多可歌可泣的恋爱故事了。

⊙

当然，有人还是会比较认同我较早的看法，认为中学生的爱不够成熟，谈恋爱非常危险。

这观点，我能赞同一部分，如我前面所说，小小年纪确实"难以对爱负责"。

只是我也要问："到底什么年岁，爱才算成熟呢？"

如果二十岁以下的爱是不成熟。

那么——

二十八岁的女孩，说"我要找有房、有学位、有绿卡的三 P 老公"。是不是成熟？

三十五岁的男人说："我要找个有钱的太太，可以少奋斗二十年。"是不是成熟？

四十岁的女人说："我立刻找个男人，还来得及生个孩子。"是不是成熟？

五十岁的男人说:"我一定要找个小我二十岁的少妻,免得没两年她就到了更年期。"是不是成熟?

即使这些都是成熟,也不过是比较现实考量、比较世俗而已。他们确实更能考虑门第、财力,他们也确实可能比较符合父母的期望。只是我们能说"那才是值得肯定的爱"吗?

⊙

谈到父母的期望,使我想起一位老朋友说的话。

"如果要我现在选丈夫,我绝不会选我现在的老公,年轻时太笨,选了他,受了半辈子的苦。"她说,"所以我规定女儿,二十岁之前不准交男朋友,眼睛要睁大一点,二十五岁以后再结婚。"

"你和你丈夫什么时候恋爱的?"我问。

"高中。"

"如果你现在回到高中,你还爱不爱他?"

她歪着头,想了想,笑了笑:"还会爱他,因为他那时候真是很可爱。"

在恋爱的路上,父母好像扮演着同样的角色——我是这样走来的,但你们(子女)不准再这样走去。

我在"联副"上,曾经发表过一篇文章,叫《心扉》——

假使心有扉,这心扉必是随着年龄而更换的。

十几岁的心扉是玻璃的,脆弱而且透明,虽然关着,但是里面的人不断向外张望,外面的人也能窥视门内。

二十几岁的心扉是木头的,材料讲究,而且装饰漂亮,虽然里外隔绝,但只要爱情的火焰,就能将之烧穿。

三十几岁的心扉是防火的铁门,冷硬而结实,虽然热情的火不易烧开,柔情的水却能渗透。

四十几岁的心扉是保险金库的钢门,重逾千斤且密不透风,既耐得住火烧,也不怕水浸,只有那知道密码,备有钥匙的人,

或了不得的神偷，才能打得开。

⊙

这篇文章发表近二十年了，现在还总被提起，想必引起许多人的共鸣。

当你对这《心扉》有共鸣的时候，你能否定其中的任何"一扉"，认为那是不成熟的吗？你又能说只有"保险金库的门"，才是真正的心扉吗？

只怕你要说真正令我们感动的，反而是玻璃门和木头门。它们最脆弱，最不安全，却也最令我们"心颤"。

经历了半世纪的年月，经历了许多情感的波澜，也看过了许多人世的沧桑，我发觉这世上最可歌颂、最刻骨铭心的还是爱。

且不论那爱发生得早或晚，只要是生死与之，在当时能慷慨面对的，即使后来失败了、后悔了，甚至回想起来，全然是无知与荒唐。

那爱，依然是爱，如同"玻璃的心扉"，即使被打碎了，仍然曾经是个玻璃的心扉。

爱，没什么好悔，它只是那样发生、那样进展、那样消逝，或——那样老去。

今日不可能预测明日的爱，明天也不必否定今天的爱。爱像是脚印，我们踩着、印着，走到今天。

回头，即使脚印印在冰雪之中，或早已湮灭，不复可寻，仍然知道，那是我们走过来的爱。

每个年龄有每个年龄的爱。爱没有尊卑，没有贵贱，没有成熟与不成熟。

人的一生能有多长，人的一生就能有多少爱。

爱与拥有之间

　　有位朋友的狗不见了，朋友在自己家附近的巷子绕了两圈，找不到，因为事忙，也就没继续找。心想反正那狗的颈环上有电话号码，别人看到，自然会联系。

　　果然，过了几天，接到电话。

　　打电话的人很热心，先说怎么发现那又冻又饿的狗，带回家喂饱、洗澡、变得多漂亮；又赞美狗的灵巧、可爱。

　　"真的吗？真的吗？"朋友客气地说，"太麻烦你了，我这两天忙，等周末，就到府上把它接回来。"

　　对方停了一下，说："这样吧！我们多玩两天，给你送回去。"说完，并要了朋友的地址。

　　问题是，一个星期、两个星期过去，不见那人把狗还来，转眼过了三个月。说巧不巧，朋友开车在路上，居然看见一对夫妻带着孩子，孩子手上牵的，正是自己走失的狗。

　　"你不是说玩两天就还我吗？"朋友下车理论。没想到对方一笑：

　　"我听你电话里的口气十分冷淡，以为你根本不想要了。你想想，如果你真爱这条狗，会不立刻冲出门，把它接回家吗？"

　　那狗也妙，大概经过好一阵子相处，对那家人比跟自己主人还亲热。朋友连拖带拉，把狗弄进车，发现狗的颈圈、皮带，都是新的；一身狗毛，闪闪发光；原有的臭味全没了。

　　车门关上，那家的孩子放声大哭。

　　朋友一面开车，一面想，心中愈来愈不是滋味，突然掉头，把车子开回那家人的身边，把狗牵下车，交给那孩子：

"这狗应该是你们的，你们比我更爱它、更照顾它，更像它的主人！"

⊙

这个故事，使我想起美国最近的一则社会新闻：

一个男同性恋者，为了不让人知道他是同性恋，特地找了一个离婚的妇人"同居"。

经过许多年，两个人因故闹翻了，居然闹进公堂。原因是，那妇人有个小孩儿，平常都由这同居的男人照顾，日久生情，已经难分难舍。

"这孩子是我的！"男人在法庭上说，"她从小就由我带，她妈妈根本不管她。"

法庭最后虽然还是把孩子判给了生母，却也给予男人经常探视的权利。最令人印象深刻的是，当法官宣判时，那男人哭喊的一句话：

"不管孩子的妈妈，不配做妈妈！"

⊙

我有个离了婚的女同事，就更妙了。

虽然已经再婚，她却经常带着丈夫到"前一任婆婆"的家里去。那婆婆也妙，只要我的女同事回去，她就不准自己的儿子回家，免得双方尴尬。

那婆婆原本也不是真正的婆婆，而是个未婚的老小姐。只因为看见邻居的幼子可爱，常带回家玩，渐渐地，竟变成孩子的"母亲"。她为那孩子买衣服、缴学费、洗衣服……

那孩子的家长有九个孩子，已经忙不完，倒乐得送一个给老小姐。

于是孩子住进了老小姐家，虽没跟老小姐姓，也没叫老小姐

"妈妈"，却实实在在成了老小姐的儿子。连车子，都是老小姐为他买的；结婚之后，也住在老小姐家。

正因此，老小姐又开始照顾我同事生的小孩，把孩子当成自己的"亲孙子"，直到同事离婚，还舍不得孙子，总要接回去团聚。

"愈来愈难分了！"同事说，"老奶奶又爱上我跟现在丈夫生的娃娃了！"

⊙

我过去住的一栋楼房，常有个奇特的访客。那是一位五十多岁、白了头发的妇人。

她总是到大楼的同一侧，挨家敲门，请求屋主让她进去，从窗口张望一下。

起初大家都不敢放她进门，怕是精神异常的女人要寻短见。后来才知道，她只是想由窗口，看看下面日式房子里的一个人——她十多年未能相见的儿子。

十四年前，她把幼子过继给邻居，说好等他长大之后，要让孩子知道自己的身世。岂知，那家人愈带愈爱，唯恐有一天孩子发现真相，会跑回生母的身边。一家人居然不告而别，搬走躲起来了。

十多年来，那妇人到处打听、到处寻找，终于找到了，而且常趁孩子在书房看书的时候，偷偷由邻居楼上，窥视自己的骨肉。

"你为什么不去按电铃，堂堂正正看自己的儿子呢？"大楼里有人不平地说。

"我有六个儿子，她只有一个。我们都死了丈夫，我还有五个可以靠，她却只有一个。而且她那么爱他，把他教得那么好，我又为什么去打扰呢？"她幽幽地说，"我不去认我的孩子，因为我爱他！"

⊙

我常想：什么是自己的？什么是别人的？

是不是爱，就一定要拥有？拥有而不爱的人，是否也失去了拥有的资格？

每一个孩子，从出生，就是独立的个体，不是父母的所有"物"。那么，就让那孩子立于天地之间，由阳光、大地和每个人去爱他吧！

最爱他、最为他奉献与牺牲的，就能算是他的父母！

男人是风筝

有个朋友，失业了好一阵子，全靠老婆工作，支撑家计。

最近，他找到了工作，应该是苦尽甘来，没想到为了一点小事，两口子反而大吵一架，闹离婚。

"苦日子都过了，现在应该甜了，为什么反而吵架呢?"

我不得不出面调解。

"都是她啊! 我赶着去上班，托她把我的薪水支票，存到银行。"作丈夫的说，"就那么几分钟的事，她居然说没空。"

"我是没空啊!"太太脸一板，"他明明知道我没空，交通车马上到了，我怎么能有空?"叹口气，"唉! 我还跟他说，你把支票放着，我明天有空再去存，他居然就火了，您说，他是不是不讲理?"

"是这么一回事吗?"我转头看那丈夫。

他没答话。

"这就是你的不是了，好啦! 好啦!"我起身，送他们出去。又找个借口，把丈夫留下，先瞎扯了一阵，看他情绪平复了，再婉转地问:

"我看你一定不是只为了存钱那么一点小事，是不是还有别的原因?"

"没有! 真的没有，就只为了存钱的事。"

"你要存多少钱哪? 那么急?"

他说出数目，吓我一跳:

"这么多啊! 真没想到。"

"是啊! 因为我特别卖力，有奖金，加上中午不休息，有加

251

班费。"

"你赚这么多,她应该高兴啊!"我说。

"是啊!可是您知道吗?她连看都没看,她根本不知道我这么辛苦,赚了这么多。经过这段赋闲,我再出发,我在拼命啊!"

突然间,我懂了。他那天是兴高采烈地希望"秀"给太太看,不是真要太太去存,偏偏太太连支票都没有看一眼,使他热脸贴上冷屁股,所以生气。

我笑了,拍拍他:"原来你是要表现给她看,对不对?"

他点点头。

⊙

有个老同学,从小"冰雪聪明",能力过人。台大医学院毕业二十年,不但有了自己的诊所,而且一天天扩大。现在已经拥有两家医院,请了一票医生。

有时候到他医院,看他指挥那些美国医生,觉得他真权威。可是只要坐上他的车,就发现他不那么权威了。

几乎每一次,从上车,他就会开始怨他太太。说太太对他管教太严,既不准他使用按摩浴缸,说泡太久会伤身;又不准他烧壁炉,说会把钢琴烤坏。

当他怨太太的时候,我觉得面对的不是"院长",倒像是听个小朋友在怨他妈妈。

所以我都管"他太太"叫"他妈妈",明明是我要跟他打球,却必定打电话跟"他妈妈"约,因为他的时间由"他妈妈"操控,他说的不算,反而"他妈妈"说了算。

"他妈妈"其实年轻漂亮,对人客气极了,完全不是凶婆娘的样子。只是细细观察,可以知道他的能力,多半透过他的太太才能完全发挥。

他的医院由他太太管账,他的工作由太太在后面推动。早上太太一边化妆,据说还一边对床上的他作精神训话。

接着，两口子一起出发，把事业经营得蒸蒸日上。

我又发现，他虽然常怨他太太，其实对他的太太是又怕又爱，那怕里有爱，爱得害怕。

我也猜想，他如果没有"他妈妈"的激励，就不容易有今天的成就。

⊙

名导演李安的太太林惠嘉，大概也是这么一位"妈妈"。

在纽约法拉盛的演讲会上，林惠嘉说"李安是我最小的儿子"。

可不是吗！从他们认识，林惠嘉就扮演最佳的听众。后来李安转学到纽约，两个人总要通特长的长途电话。林惠嘉说得好——

"我和李安的认识与在一起，真没有什么罗曼蒂克。我唯一做的，就是听李安说从小到大，发生的每一件事。"

当李安赋闲在家的六年间，林惠嘉也像对孩子一样。她一个人出去工作，让李安自己在家思想、在家用功。鼓励他再出发，好像激励个重考的孩子。

林惠嘉还说，现在李安到外面拍片，回到纽约的时候，无论多早多晚，即使公司安排车子接送，林惠嘉都尽可能自己开车去接李安，因为这段时间对他们非常重要。

于是我想，在车上也一定有个像孩子般的大导演。忙不迭地，絮絮叨叨地对老婆述说外面的一切。然后，听老婆的赞美，也听老婆的教诲。

怪不得李安的《卧虎藏龙》居然没得到金马奖最佳导演奖时，有记者问李安的感想，李安很妙地回了一句：

"很想快点回家被老婆骂一骂。"

⊙

看丘宏义写的《吴大猷传》。

这位阻止蒋介石发展核武，造就出李政道、杨振宁的"中国物

理学之父"，给我印象最深的，却是他最不为人知的情感生活。

六十一岁那年，吴大猷遇到了二十四岁的吴吟之。

突然之间，这位学者怔住了，感觉这女孩子的感觉那么熟悉，正如吴吟之所说——"他就觉得我是他家里的人……因为有人说我跟他妈妈长得有点像。"

就这样，吴吟之成为吴大猷的义女，放弃了原来属于自己的社交天地，留在吴大猷的身边，一留就是三十多年。

在这段时间，吴大猷教她英文，要她去学钢琴、古典音乐。碍于人言可畏，吴吟之不能住在吴大猷家，但是，每次吴吟之晚上回到自己的家，吴大猷一定要追个电话，好像一刻也离不开她。

尤其是生命中的最后几年，据他们的好友詹景惠说，吴大猷对吴吟之的依赖，已经到了病态的地步。有时候吴吟之的朋友来聊天，吴大猷就像个孩子，安安静静地坐在旁边，一坐几个钟头。

于是，我的眼前又浮起一个像李安夫妻的画面，一个小女子，听那世纪老人，述说生命中的点点滴滴。老人孑然一身在台湾，背负着中国物理学之父和"中研"院长的"重担"，可是更需要的却是这个小女子的扶持、聆听与陪伴。

最感人的。是一九九八年，吴大猷带吴吟之一起去广东时，对她说的话——

> 把断线的风筝拴在地上，使其能高扬的吟之，有你的地方就是我的家。

几个朋友聚会闲聊，谈到为女儿找对象。

"孝顺娘的男孩子对太太会比较好。"不知是谁，冒出这么一句"老话"。

却听另一头有人哼了一声：

"你错了！那是在他的娘死了之后。"

大家都一惊，转头看她，只见那太太慢条斯理地继续说："要是他娘还活着，他一定听娘的，不听太太的；直到他娘死了，他才会把老婆当娘，开始听老婆的。"

"照你这么说，如果有一天他老婆也死了，怎么办？"有人促狭地问。

"那还不简单？有女儿，他就听女儿的；没女儿，他只好再去找一个娘。"笑笑，"这就叫男人的'三从'——在家从母，结婚从妻，妻死从女。"

或许她这些像是玩笑的话，却也说中许多男人的心吧！

有些男人是树，女人是藤；有些男人是藤，总要找一棵树。也很可能男人都是树，女人则像太阳，树总要朝着太阳生长。

所以许多男孩子，小时候听妈妈的，做什么都为取悦妈妈；长大了，有了女朋友，什么都取悦女朋友；结婚了，女朋友成为太太，又什么都听太太的，处处讨太太欢心。

如果不幸，太太早死，那男人确实可能就像吴大猷，守着女儿，守着那个太太般的女儿。

吴大猷说得不错，男人是风筝。看来多么高不可及的风筝，都有一个细细的线，偷偷地牵在一个女人的手里。

没了那只柔弱的手，风筝就飞不起来；断了那根线，风筝就将坠毁。

写一个缘的故事

遇到个师大的老同学。

"教了二十多年书，有什么感想？"我问她。

"有。也没有。我教国一和国三，年年毕业班的学生对着我哭，我也陪他们哭，然后，一转身，又迎接新生入学，他们对着我笑，我也陪他们笑。在同一个学校里，甚至一栋大楼里，哭哭笑笑了二十多年，哭老了，也笑老了自己。"她停一下，叹口气，"可是，而今他们在哪里？"

可不是吗？想起我小学毕业的时候，三十四年前的往事如在眼前。"青青校树，萋萋庭草，欣霑化雨如膏……"唱着唱着，一班同学都哭了。

然后大家红着眼睛送老师礼物；搂着彼此依依不舍地道别。每一幕今天都还那么清晰，只是，他们都在哪里？

⊙

女儿也幼稚园毕业了，其实她的毕业只是做样子，幼稚园跟小学在一块儿，连教室都连着，升入小学只不过换间教室，换个导师而已。

"不！"小女儿哭着喊，"也换了同学。"

"他们分班了。"妻解释，"老师把原来要好的小朋友都拆散，分到不同班。有些小鬼气得不要上学了。"

"为什么呢？"

"老师说，一两个小孩子总腻在一起，会影响他们交新朋友，也

256

会影响他们未来的人际关系。"

多么奇怪的论调啊。不过再想想。西方社会根本就有这种"追新"的精神。一个职员如果业余进修，往往公司付学费；进修拿到文凭，可以要求公司加薪。加薪不满意，可以跳槽。

当我初到美国，不解地问公司主管：

"好不容易培植出来的人才，跳槽走了，不是太冤了吗?"

那主管一笑："你怎不想想，有人跳走，也有人跳来呀。跳来的那人也是前面公司栽培的。他把另一个公司的经验带给我，我的人也把我们的经验带给别家公司。这样交流，才有进步。"

⊙

记得以前教过的班上，有两个女学生，好得不得了。总见她们一块儿进教室，一块儿去餐厅，一块儿坐在图书馆。

有一天，发现她们分开了，连在教室里，都好像故意坐得离很远，我心想，两个人必定是吵架了。好奇，但不好意思问。

隔了多年，在街上遇到其中一个，聊起来，谈到"另一位"。

"哦!"她笑笑，"我们没吵架，是约好，故意分开的。"

"为什么?"

"为了彼此好。两个人形影不离，男生还以为我们是同性恋，约一个，只怕另一个也会跟着，结果都交不到男朋友，这怎么得了!"

于是她们分开走，分别谈了恋爱，也都结了婚。

"你们还联络吗?"

她居然摇摇头："都忙，找不到了。"

⊙

我最近倒是找到个以前的好朋友。

我们曾经一起上高中，一起逃学，一起感染肺病，也一起到国外。

他去了中南美，潦倒过、风光过，有一回过纽约，谈他的艰苦，

让我掉了眼泪。

又隔些时，接到他的信，说："活着，真好。"打电话过去，已换号码，之后我搬了家，居然从此断了音讯。

最近一位台北的友人，终于为我找到他在迈阿密的电话，拨通，是他的声音。好高兴，又好生气，劈头骂过去："好小子，为什么十年没你消息？"

"能呼吸，真好！"他的语气变得不像以前那么热烈，却有了一份特殊的祥和，"我们能又联络上，真是个缘。"

"缘早有了。"

"缘是断断续续、时时刻刻的。"

于是，我们又常有了夜间的长谈，仿佛回到二十多年前，他坐在我的画桌前。我们谈到生死，谈到他新婚的妻子和信仰的先知，也谈到学生时代的许多朋友。

"只是，他们都在哪里？"我一笑。

"相信，大家还会有缘。"他也一笑。

⊙

接到个老学生的信，谈到感情，满纸牢骚。

"人生就像拼图，拿着自己这一块，到处找失散的那些块，有时候以为拼成了，才发现还是缺一角。于是为那一角，又出去找，只怕今生今世都找不到。"

回信给她：

"早早找到，说不定就没意思了，人生本来就是个永远拼不成的图，让我们不断寻找，不断说对，不断说错；不断哭，不断笑，也不断有缘，不断失去那个缘分。"

可不是吗！从小到大，我们唱了多少次骊歌、掉过多少次眼泪？又迎过多少新？且把新人变旧人，旧人变别离。

每次看见车祸，满地鲜血，一缕青烟，我就想，当他今天离开家，和家人说再见的时候，岂知那再见是如此的困难。

于是，每次我们回到家，岂不就该感恩欢叹，那是又一次珍贵的相聚。

"过来昨日疑前世，睡起今朝觉再生。"古人这句话说得真是太好了。从大处看，一生一死是一生；从小处看，"昨天"何尝不是"前世"，"今日"何尝不是"今生"？

人生就是用聚散的因缘堆砌而成。这样来了，这样去了，如同花开花落，花总不断。没有人问，新花是不是旧花。

人生也是用爱的因缘堆砌而成。我们幼稚园最爱的老师在哪里？他还在不在人世？我们小学最好的朋友在哪里？我们还记不记得彼此的名字？我们初恋的情人在哪里？为什么早已失去了感觉？我们的家人在哪里？我今晚能不能与他相聚？

何必问前生与来生，仅仅在今生就有多少前世与来生，就有多少定了的约，等我们履行？多少断了的缘，等我们重续？就有多少空白的心版，等我们用明天，去写一个缘的故事。

多美啊！生生世世未了缘。